U0680044

**e** 能源与电力分析年度报告系列

# 2019
# 中国电力供需分析报告

国网能源研究院有限公司 编著

中国电力出版社
CHINA ELECTRIC POWER PRESS

# 内 容 提 要

《中国电力供需分析报告》是能源与电力分析年度报告系列之一，主要对上一年度中国经济发展、全国及各地区电力需求、电力供应、电力供需形势进行持续跟踪分析，并对当年经济发展和电力供需形势进行预测，为分析研究中国电力与经济增长之间的关系、合理制定相关政策和措施提供决策参考和依据。

本报告对 2018 年国际国内经济运行、全国及各地区电力消费、电力供应、电力供需形势进行了全面分析和总结；在深入分析宏观调控政策、中美经贸摩擦、三大需求、重点行业、业扩报装、气温来水、环保政策、电能替代、发电能源等主要影响因素的基础上，对 2019 年全国及各地区经济、电力需求、电力供应、电力供需形势进行了分析预测。

本报告适合电力市场分析人员、能源分析人员、经济分析人员、国家相关政策制定者及科研工作者参考使用。

**图书在版编目（CIP）数据**

中国电力供需分析报告 . 2019/国网能源研究院有限公司编著 . —北京：中国电力出版社，2019.6
（能源与电力分析年度报告系列）
ISBN 978 - 7 - 5198 - 3326 - 8

Ⅰ. ①中…　Ⅱ. ①国…　Ⅲ. ①供电－市场需求分析－研究报告－中国－2019　Ⅳ. ①F426.61

中国版本图书馆 CIP 数据核字（2019）第 124222 号

出版发行：中国电力出版社
地　　　址：北京市东城区北京站西街 19 号（邮政编码 100005）
网　　　址：http：//www.cepp.sgcc.com.cn
责任编辑：刘汝青（010-63412382）
责任校对：黄　蓓　常燕昆
装帧设计：赵姗姗
责任印制：吴　迪

印　　　刷：北京瑞禾彩色印刷有限公司
版　　　次：2019 年 6 月第一版
印　　　次：2019 年 6 月北京第一次印刷
开　　　本：787 毫米×1092 毫米　16 开本
印　　　张：9.25
印　　　数：0001—2000 册
字　　　数：125 千字
定　　　价：88.00 元

国网能源研究院有限公司多年来紧密跟踪全国及各地区宏观经济发展、重点行业发展、能源及电力供需形势，开展宏观经济、能源及电力供需分析、预测、预警等，形成年度系列分析报告，为政府部门、电力企业和社会各界提供有价值的决策参考和信息。

《中国电力供需分析报告》是"能源与电力分析年度报告系列"之一。自2010年以来，已经连续出版了九年，今年是第十年。本报告每年年中出版，以国家电网有限公司（简称"国家电网公司"）每年完成的《全国电力市场分析预测（春季）报告》和《"迎峰度夏"电力供需分析预测报告》等工作为基础，整合有关研究成果形成对全年电力供需形势的研判。

本报告延续了历年来以经济分析为基础、综合考虑其他电力供需影响因素的分析框架，整体上按照"经济运行—电力消费—电力供应—电力供需形势"的思路展开。考虑2019年是新中国成立70周年这个重要历史时点，本报告开展了"新中国电力供需70年"专题分析。专题回顾了过去70年我国电力供应、电力需求的增长和结构变化，梳理了各阶段发展特点，总结了电力供需形势演变规律，有助于读者较为清晰地把握新中国成立70年来电力供需发展历程。结合长三角区域一体化发展上升为国家战略这一背景，本报告增加了"长三角中心城市经济与电力消费分析"专题，选取了典型经济指标和用电指标对长三角中心城市进行对比分析，帮助读者较为直观地了解长三角地区中心城市经济和电力发展特点。

本报告的研究主要基于国家电网公司电力供需研究实验室（简称"电力供

需实验室"），电力需求预测沿用部门分析、重点行业比重、月度用电量比重和组合预测等多种方法。本报告继承并强化了以往的写作风格，在论述现象的同时注重特点总结和原因分析，各章正文前归纳章节要点，以反映该章核心结论和重要发现。

本报告共分为7章。其中，概述由单葆国、谭显东、吴姗姗主笔；第1章主要描述2018年经济运行与电力供需的相关情况，由段金辉、刘青、汲国强、张莉莉、冀星沛、王向、刘小聪、徐朝、吴姗姗主笔；第2章主要描述影响2019年电力供需的主要因素，由张莉莉、吴姗姗、汲国强、王向、刘小聪、徐朝、冀星沛、张春成、李江涛、吴鹏主笔；第3章主要对2019年电力需求进行预测，由吴姗姗、谭显东、汲国强主笔；第4章主要对2019年电力供应进行预测，由冀星沛、谭显东主笔；第5章主要结合各方面边际条件预测2019年电力供需形势，由谭显东、汲国强、吴姗姗主笔；第6章为新中国电力供需70年专题分析，由汲国强、吴姗姗主笔；第7章为长三角中心城市经济与电力消费分析，由姚颖蓓、杨宗麟、汲国强主笔。全书由汲国强、吴姗姗、谭显东统稿，王成洁校核。

在本报告的编写过程中，得到了国家信息中心，国家电网公司发展策划部、营销部、交易中心、国调中心、华东分部，以及一些业内知名专家的大力支持，在此表示衷心感谢！

限于作者水平，虽然对书稿进行了反复研究推敲，但难免仍会存在疏漏与不足之处，恳请读者谅解并批评指正！

编著者

2019年5月

# 目 录
# CONTENTS

前言

概　　述

2018 年，我国经济运行保持在合理区间，总体平稳、稳中有进态势持续显现。在全球经济增长动能放缓的背景下，我国经济增速略有放缓，全年 GDP 比上年增长 6.6%，增速较上年下降 0.2 个百分点。经济结构不断优化，消费拉动经济增长作用进一步增强，服务业对经济增长贡献率接近 60%，发展新动能快速成长。

2018 年用电需求增速创近七年新高，净增装机容量同比减少，各类型发电设备的利用小时数均有提升，电力供需形势从前几年总体宽松转为总体平衡。根据中国电力企业联合会统计快报数据，2018 年全社会用电量为 6.84 万亿 kW·h[1]，比上年增长 8.5%，增速较上年上升 1.9 个百分点，三次产业和居民生活用电量分别增长 9.8%、7.2%、12.7% 和 10.4%。西北地区用电量增速下降，其他区域用电量增速出现不同程度上升。全国净增发电设备容量 1.2 亿 kW，比上年减少 3.1%。截至 2018 年底，全国发电装机容量 19.0 亿 kW，全国发电量 6.99 万亿 kW·h，比上年增长 8.4%。全国发电设备平均利用小时数 3862h，比上年增加 73h。

预计 2019 年，电力需求仍保持较快增长，但增速有所回落，位于 5%～6% 区间概率最大。运用部门分析模型、重点行业比重模型、月度用电量比重法及组合预测模型，预计 2019 年全国全社会用电量将达到 7.28 万亿～7.41 万亿 kW·h[2]，比上年增长 5.0%～7.0%。中美经贸摩擦是影响电力需求增长最大的不确定因素，综合考虑经济形势、宏观调控政策等各方面因素，预计全社会用电量增速位于 5%～6% 区间概率最大。

具体来看，中方案，全球经济增长势头减弱，中美经贸摩擦维持现状，国内经济下行压力加大，夏季气温较常年偏高但程度低于上年，全国全社会用电

---

[1] 在撰写本报告时，中电联还未发布年报数据，因此编写组采用中电联快报数据对 2018 年电力消费进行分析，未含新疆生产建设兵团全部用电量及魏桥创业集团调整的用电量。

[2] 本报告预测部分，编写组对新疆生产建设兵团全口径用电量进行了估算，并考虑了魏桥创业集团调整的用电量，2018 年数据也进行了相同口径调整。

量为 **7.34 万亿 kW·h，比上年增长 6.0%**。分季度看，四个季度全社会用电量同比分别增长 5.5%、4.7%、6.7% 和 6.9%，四个季度增速较上年同期分别下降 4.3、4.3、1.3、0.4 个百分点。**分产业看，三次产业和居民生活用电量增速均有所回落，但第三产业和居民生活用电的贡献率持续提升。**受乡村振兴战略加快推进、扶贫攻坚进入关键期及新一轮农网改造升级工程红利逐步显现等因素影响，农村用电潜力继续释放，第一产业用电保持较快增长，预计比上年增长 8.6%；受国内外需求增长乏力拖累，制造业用电增速有所回落，其中高耗能回落程度较先进制造业更大，第二产业用电增速明显放缓，预计比上年增长 3.9%；受人民生活水平不断提升、极端气温、应对雾霾及清洁采暖等因素影响，第三产业和居民生活用电持续增长，预计第三产业和居民生活用电比上年分别增长 11.5% 和 10.3%。三次产业和居民生活用电量增速较上年分别下降 1.2、3.1、1.2 和 0.1 个百分点，第三产业和居民生活用电对全社会用电增长的贡献率较上年分别提高 7.0、6.8 个百分点。**分区域看，各地区用电增速均有所回落，其中华中、西南地区回落较为明显。**预计 2019 年华北（含蒙西）、华东、华中、东北、西北、西南和南方电网区域用电量比上年分别增长 6.1%、5.4%、6.2%、4.7%、6.0%、8.0% 和 6.5%，增速较上年分别下降 2.3、1.8、3.3、1.7、2.9、3.8、1.8 个百分点，华中和西南地区下降显著。全国电力需求增量主要来自华北、华东和南方电网区域。**最大负荷出现在夏季，增速高于用电量增速。**2019 年全国调度最大用电负荷达到 10.72 亿 kW，比上年增长 7.9%，全年调度最大负荷增速高于用电量增速约 1.9 个百分点。

**预计 2019 年电力供应增速与需求增速基本持平。**一是新投产装机规模保持较高水平。2019 年，全国新投产发电装机容量 1.1 亿 kW，比上年减少 11.3%。其中，火电 4500 万 kW，水电 710 万 kW，核电 528 万 kW，风电 2800 万 kW，太阳能发电 2500 万 kW。**二是发电装机容量增速与需求增长基本一致。**截至 2019 年底，全国发电装机容量将达到 20.1 亿 kW，比上年增长 5.8%。其中，水电 3.6 亿 kW，比上年增长 2.0%，占总装机容量的 17.9%；火电 11.9 亿 kW，

3

比上年增长 3.9%，占 59.1%；核电 4993 万 kW，比上年增长 11.8%，占 2.5%；风电 2.1 亿 kW，比上年增长 15.2%，占 10.6%；太阳能发电 2.0 亿 kW，比上年增长 14.3%，占 9.9%。**三是新投产装机主要集中在华北、西北和华东地区。**华北、华东、华中、东北、西北、西南和南方电网区域全年新增发电装机容量分别为 2757 万、1753 万、1707 万、1211 万、1886 万、222 万、1501 万 kW，年底全口径发电装机容量分别占全国的 22.0%、19.6%、12.9%、7.8%、14.4%、6.3% 和 17.0%。

**预计 2019 年全国电力供需总体平衡，部分地区高峰时段电力供需紧张。一是华北、华中电网供需紧张**，预计缺口将分别达到 600 万、500 万 kW，主要集中在京津唐电网、河北南网，以及山东、湖北、湖南、河南、江西电网；西南电网电力供需平衡偏紧，四川和重庆可能存在电力缺口；华东电网供需平衡；南方电网电力供需平衡有余；东北、西北电网电力供应富余。**二是全国发电设备利用小时数有所下降，其中火电设备利用小时数与上年基本持平。中方案，**预计 2019 年全国发电设备平均利用小时数为 3810h 左右，较上年下降约 53h，其中火电设备平均利用小时数为 4357h 左右，与上年基本持平。

# 1

## 2018 年经济与电力供需情况

### 章节要点

我国经济运行保持在合理区间，总体平稳、稳中有进态势持续显现。2018年全球经济延续温和增长，但动能有所放缓。我国经济增速略有放缓，全年国内生产总值 900 309 亿元，比上年增长 6.6%。经济结构不断优化，消费拉动经济增长作用进一步增强，服务业对经济增长贡献率接近 60%，发展新动能快速成长。

全社会用电量增速上升，创近七年新高，第三产业和居民生活用电量比重进一步提高。2018年，全社会用电量为 6.84 万亿 kW•h，比上年增长 8.5%，增速较上年上升 1.9 个百分点，为 2012 年以来最高。三次产业和居民生活用电量分别增长 9.8%、7.2%、12.7% 和 10.4%。全国各地区用电量均实现正增长。

净增装机容量同比减少，非化石能源装机容量占比持续提升。2018年，全国净增发电设备容量 1.2 亿 kW，比上年减少 3.1%。截至 2018 年底，全国发电装机容量 19.0 亿 kW，其中，非化石能源装机 7.6 亿 kW，占全部装机容量的 39.8%，占比较上年提高 2.0 个百分点。

发电量增速持续上升，各类型发电设备的利用小时数均有提升。2018年，全国发电量 69 940 亿 kW•h，比上年增长 8.4%。全国 6000kW 及以上电厂发电设备平均利用小时数 3862h，比上年增加 73h。

# 1.1 2018 年经济运行

## 1.1.1 国际经济形势

（一）全球经济增长

**全球经济延续温和增长，但动能有所放缓**。2018 年，全球经济呈温和增长态势，但受全球性贸易摩擦影响，投资者对经济前景的信心下滑，制造业和贸易增速放缓。世界银行 2019 年 1 月发布的《世界经济展望报告》中，估算的 2018年世界经济增速为 3%，较 2017 年下降 0.1 个百分点；国际货币基金组织 2019年 1 月发布的《世界经济展望报告》中，估算的 2018 年世界经济增速为 3.7%，与 2017 年持平。2018 年，发达经济体增长势头较强，尽管美国身处贸易紧张局势的中心，但受益于减税和开支增加刺激需求，美国经济在 2018 年仍实现了高速扩张。部分新兴经济体和发展中国家的经济增长受到冲击。随着美联储加息、美元升值、投资者风险情绪下降，部分脆弱的新兴经济体资本外流，本币大幅贬值，面临的流动性风险上升。2000—2018 年世界 GDP 增速如图 1-1 所示。

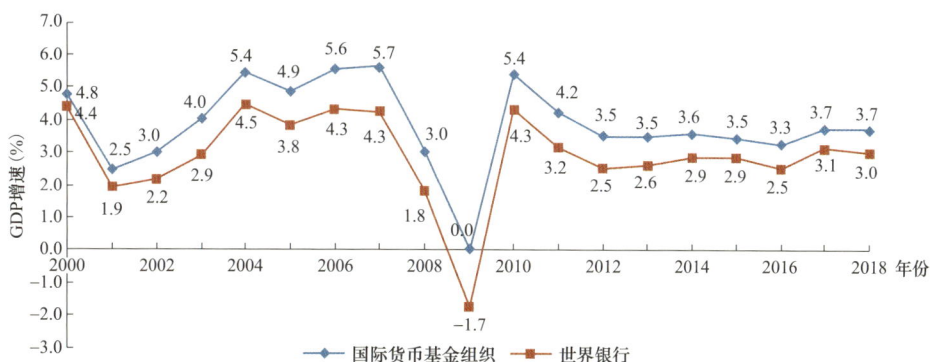

图 1-1 2000—2018 年世界 GDP 增速

（二）主要国家经济增长

**（1）美国。**

**在特朗普扩张性的财政政策和税收改革的刺激下，美国经济上行**。从分季度经济走势看，一季度美国 GDP 增速较低，实际 GDP 年化季环比为 2.3%；二季度实际 GDP 年化季环比终值为 4.2%，创 2014 年三季度以来最高增速，其中个人消费支出为当季美国经济增长贡献了 2.6 个百分点，占美国经济总量的 70%，贸易摩擦抵消了税改对企业投资的正面作用，净出口贡献了 1.2 个百分点；三季度实际 GDP 年化季环比为 3.4%，高于预期值 2.6%，主要源于私人投资增加、个人消费支出（PCE）增加及商品和服务净出口；四季度实际 GDP 年化季环比为 2.2%，低于预期值 2.3%，增长动能逐步减弱。从消费和投资水平来看，消费者信心显著增强，预期较稳健，投资有所增加，主要得益于就业机会增加、工资增长带动家庭收入稳步增长、股票和房地产价格持续上升，以及特朗普政府的减税措施。从制造业来看，制造业扩张态势持续，产能过剩风险犹存，2018 年制造业 PMI 指数平均为 58.8%，为 2005 年以来最高水平。从进出口来看，美国贸易继续维持较大逆差。2018 年，美国货物出口增长 7.7%，进口增长 8.6%，贸易逆差增长 10.4%。从就业情况来看，劳动力市场接近"充分就业"，失业率维持在 3.9%左右。受特朗普政府税改计划的影响，持续上涨的政府赤字成为影响美国经济的不确定性因素。2010 年以来美国 GDP 季度同比增速情况如图 1-2 所示。

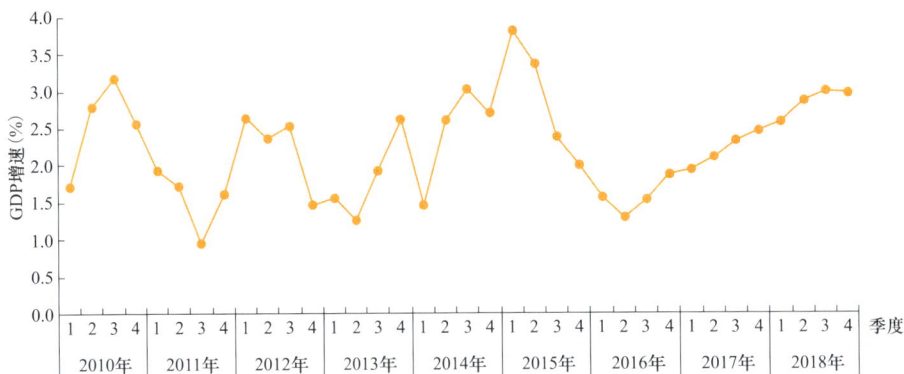

图 1-2　2010 年以来美国 GDP 季度同比增速

**（2）欧盟。**

**欧洲经济增长动力趋弱，经济复苏势头放缓。**受土耳其危机发酵、伊朗制裁问题升级、欧美贸易争端不明、意大利风险加大等内外部因素的共同影响，2018 年欧元区 GDP 增长 1.9%，为 2015 年以来最低。从消费者信心来看，消费者信心不足，且呈下降趋势。2018 年 12 月消费者信心指数终值为 −8.3，创 22 个月来新低。从进出口来看，贸易顺差略有缩小，净出口额对 GDP 增长的贡献率下降。从制造业来看，制造业 PMI 指数下降，2018 年 12 月制造业 PMI 指数为 51.4%，创下 34 个月新低。从就业情况来看，失业率不断下降，就业形势持续改善，12 月欧元区失业率为 7.9%，为 2008 年 11 月以来最低水平。政府平均债务水平有所改善，财政赤字进一步下降。基准利率进一步下行，融资成本有所降低。英国正在经历严重的国内政治动荡，这给英国经济、英镑及金融市场带来显著的风险。英国脱欧谈判已进入最关键阶段，有一些重大问题尚未解决，包括脱欧过渡期和爱尔兰边界问题。欧洲经济潜在风险持续增大，短期内经济弱势格局难以突破。而随着英国脱欧路线逐步清晰，预计这一因素对欧元区和英国经济的影响将逐步减轻。2010 年以来欧元区 GDP 季度同比增速情况如图 1-3 所示。

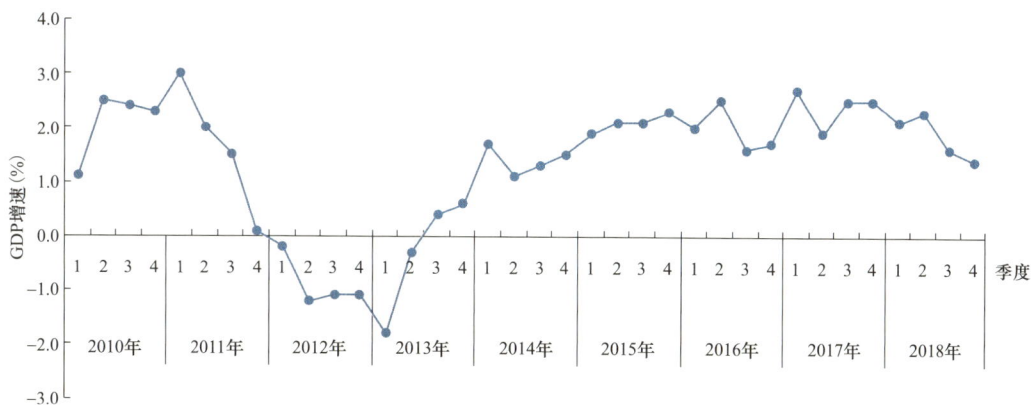

图 1-3　2010 年以来欧元区 GDP 季度同比增速

**（3）日本。**

**日本经济呈现缓慢复苏态势。**2018 年，日本实际 GDP 增长 0.8%。日本消费者信心不断走弱，投资者信心也维持相对低点。从进出口来看，出口持续低迷。全球避险情绪高涨，使得日元再次成为市场追逐目标，日元持续升值，并对出口造成压力。日本货物进出口额比上年增长 6.8%。其中，出口额比上年增长 4.1%，进口额比上年增长 9.7%。从通胀水平来看，在能源等国际大宗商品价格上涨带动下，日本通胀水平趋于好转，但仍然没有达到日本央行 2% 的通胀目标。从制造业来看，制造业 PMI 指数持续下滑，12 月制造业 PMI 指数为 52.6%。从就业情况来看，失业率较低，处于较充分的就业状态。房地产方面，日本地价连续五年保持上升态势。2010 年以来日本 GDP 季度同比增速情况如图 1 - 4 所示。

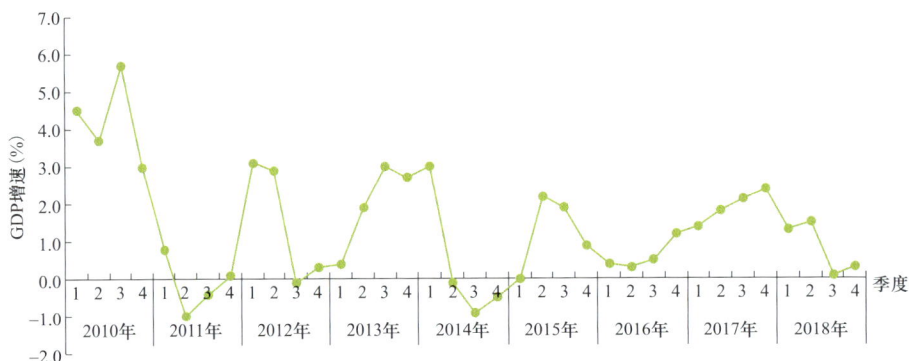

图 1 - 4　2010 年以来日本 GDP 季度同比增速

**（4）新兴市场。**

**新兴经济体走势分化。** 由于全球政治经济领域不稳定因素增多、美联储加息加快，以及内部经济社会问题持续暴露，新兴市场经济持续动荡，经济增长不确定性增加，经济走势明显分化。部分新兴市场汇率贬值，资本外流，金融风险加大，且在局部地区存在进一步蔓延的趋势，经济脆弱性加剧。从制造业来看，印度、巴西、中国制造业 PMI 指数持续高于 50 的景气线，但南非及俄罗斯工业生产则处于持续低迷状态。从汇率来看，主要国家货币兑美元贬值幅度继续扩大，多个货币月度累计贬值超过 10%。其中，委内瑞拉货币贬值幅度超过 99.99%；土耳其已陷入深度危机之中，里拉严重贬值；阿根廷危机继续发酵，比索暴跌；巴西也受到重创，年内雷亚尔贬值达 25％；俄罗斯、伊朗、沙特阿拉伯等周边国家经济均受到一定拖累。而受大选进程顺利及国际油价攀升的影响，墨西哥比索兑美元有所升值。从出口来看，新兴国家分化也较为明显，随着美贸易制裁效果逐步显现，中国出口增速下降。但国际油价和大宗商品价格上涨支撑俄罗斯、巴西及南非出口走强。从通胀水平来看，新兴市场 CPI 增速普遍上升。

（三）国际贸易形势

**受贸易摩擦影响，全球贸易增速放缓**。世界贸易组织（WTO）4 月 2 日公布的 2018 年全球贸易量比上年增长 3.0％，增速较 2017 年下降 1.7 个百分点。受中美经贸摩擦直接影响，全球贸易增速放缓。贸易紧张局势，加上持续的政治风险和金融动荡，可能预示着更广泛的经济低迷态势。2001－2018 年全球贸易增速如图 1-5 所示。

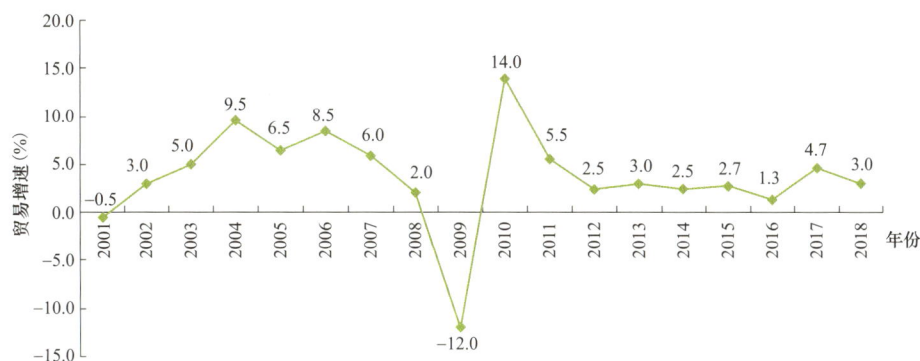

图 1-5　2001－2018 年全球贸易增速

## 1.1.2　国内经济运行

2018 年，我国经济社会发展的主要预期目标较好完成，三大攻坚战开局良好，供给侧结构性改革深入推进，改革开放力度加大，人民生活持续改善，国民经济运行保持在合理区间，总体平稳、稳中有进态势持续显现，经济结构不断优化，消费拉动经济增长作用进一步增强，服务业对经济增长贡献率接近

60%，发展新动能快速成长。

**国内生产总值继续保持平稳增长，总量跃上新台阶**。2018 年，国内生产总值总量突破 90 万亿元，达到 900309 亿元，比上年增长 6.6%，增速较上年下降 0.2 个百分点。各季度增速分别为 6.8%、6.7%、6.5%、6.4%，呈逐季回落态势。分产业看，第一、第二、第三产业增加值分别为 6.5 万亿、36.6 万亿、47.0 万亿元，分别增长 3.5%、5.8% 和 7.6%；2018 年，三次产业增加值占 GDP 的比重分别为 7.2%、40.7% 和 52.2%，与上年相比，第一产业比重下降 0.4 个百分点，第二产业比重提高 0.1 个百分点，第三产业比重提高 0.3 个百分点。2016 年以来分季度 GDP 及三次产业增加值增速如图 1-6 所示。

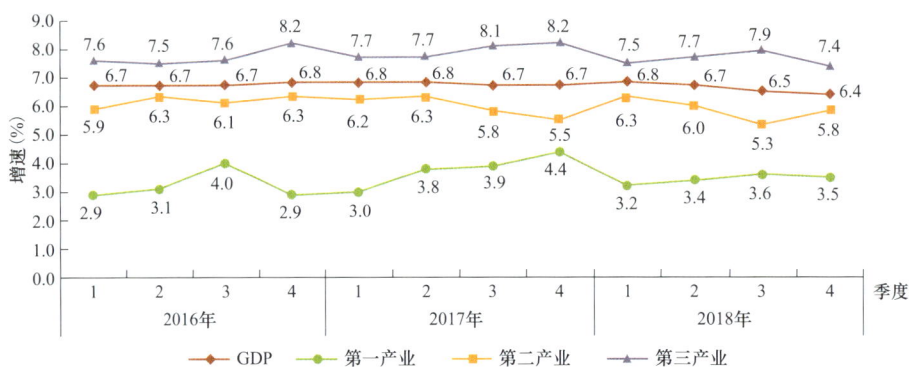

图 1-6　2016 年以来分季度 GDP 及三次产业增加值增速

**工业生产平稳增长，新产业增长较快**。2018 年，全国规模以上工业增加值比上年增长 6.2%，增速较上年下降 0.4 个百分点。其中，战略性新兴产业增加值比上年增长 8.9%；高技术制造业增加值增长 11.7%，占规模以上工业增加值的比重为 13.9%；装备制造业增加值增长 8.1%，占规模以上工业增加值的比重为 32.9%。战略性新兴产业、高技术制造业和装备制造业增加值增速分别高于整个规模以上工业增加值增速 2.7、5.5、1.9 个百分点。2017 年以来工业增加值分月增速如图 1-7 所示。

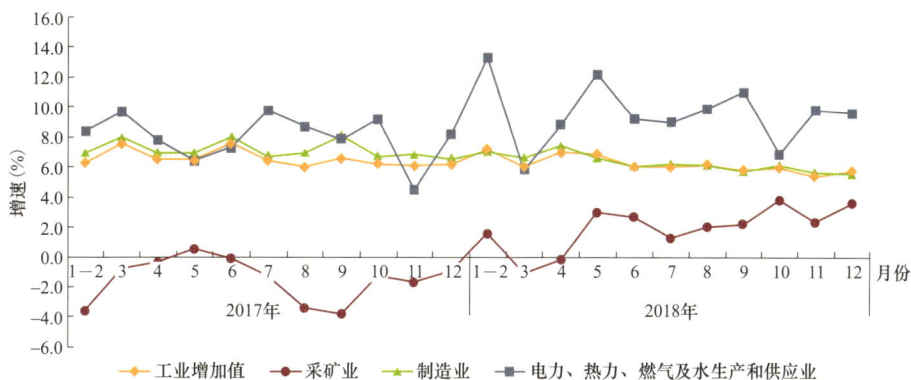

图 1-7　2017 年以来工业增加值分月增速

**固定资产投资增长缓中趋稳，制造业投资增速加快**。2018 年，全国固定资产投资增速继续放缓，全年完成固定资产投资（不含农户）63.6 万亿元，比上年增长 5.9%，增速较上年下降 1.3 个百分点。其中，制造业投资增速回升加快，增长 9.5%，增速较上年上升 4.7 个百分点；基础设施投资增速大幅回落，增长 3.8%，增速较上年下降 15.2 个百分点；房地产投资增速进一步加快，增长 8.3%，增速较上年上升 1.3 个百分点。2017 年以来固定资产投资分月增速如图 1-8 所示。

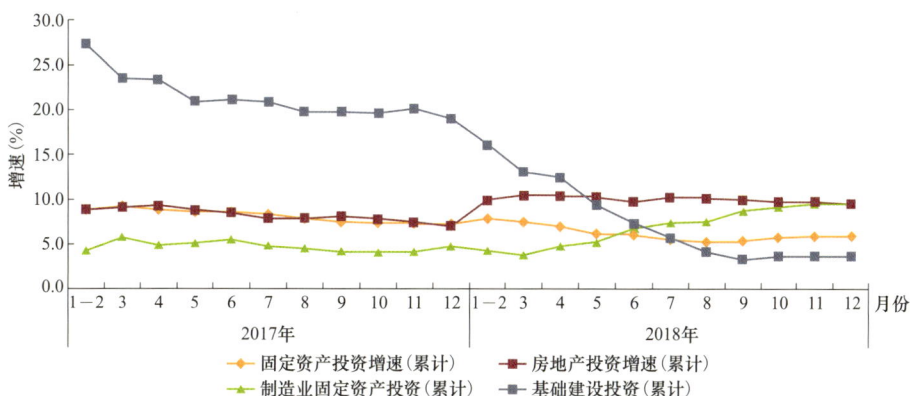

图 1-8　2017 年以来固定资产投资分月累计增速

**消费平稳较快增长，网上零售占比明显提高**。2018 年，社会消费品零售总额 38.1 万亿元，比上年增长 9.0%，增速较上年下降 1.2 个百分点。新兴业态

13

保持快速增长。2018 年，全国网上零售额 90 065 亿元，比上年增长 23.9%，其中，实物商品网上零售额 70 198 亿元，比上年增长 25.4%，占社会消费品零售总额的比重为 18.4%，较上年提高 3.4 个百分点。2017 年以来社会消费品零售总额增速如图 1-9 所示。

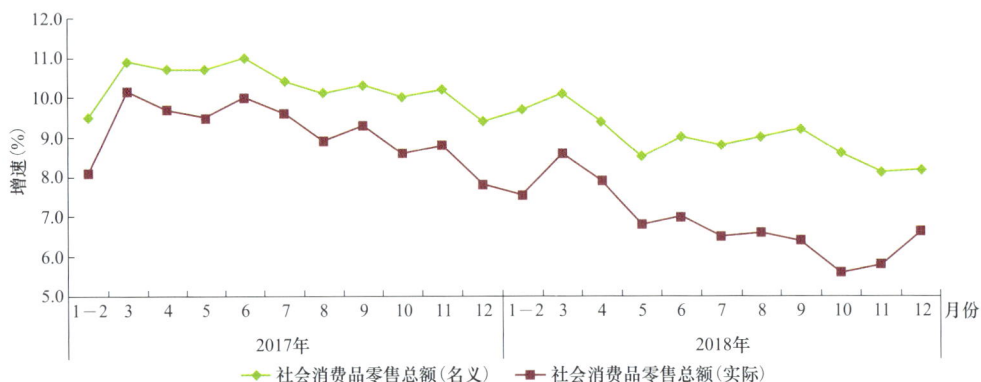

图 1-9　2017 年以来社会消费品零售总额增速

**居民消费价格温和上涨，工业生产者价格涨幅回落。**2018 年，全国居民消费价格上涨 2.1%，涨幅比 2017 年上升 0.5 个百分点；工业生产者出厂价格上涨 3.5%，涨幅相比于 2017 年回落 2.8 个百分点，连续两年保持上涨态势。工业生产者出厂价格实现上涨，从宏观层面来看，主要是受供给侧结构性改革不断推进、产业结构调整优化、发展新动能快速成长的影响。2017 年以来居民消费价格指数（CPI）和工业品出厂价格指数（PPI）如图 1-10 所示。

**外贸增速下滑，贸易结构不断优化。**2018 年，受外部经济形势深刻变化影响，我国进出口总值 30.5 万亿元，比上年增长 9.7%，增速较上年下降 4.5 个百分点。其中，出口 16.4 万亿元，比上年增长 7.1%，增速较上年下降 3.7 个百分点；进口 14.1 万亿元，比上年增长 12.9%，增速较上年下降 5.8 个百分点；累计贸易顺差 2.3 万亿元，比上年减少 0.6 万亿元。对"一带一路"沿线国家进出口总额 8.4 万亿元，比上年增长 13.3%。其中，出口 4.6 万亿元，增长 7.9%；进口 3.7 万亿元，增长 20.9%。2017 年以来进出口增长情况如图 1-11 所示。

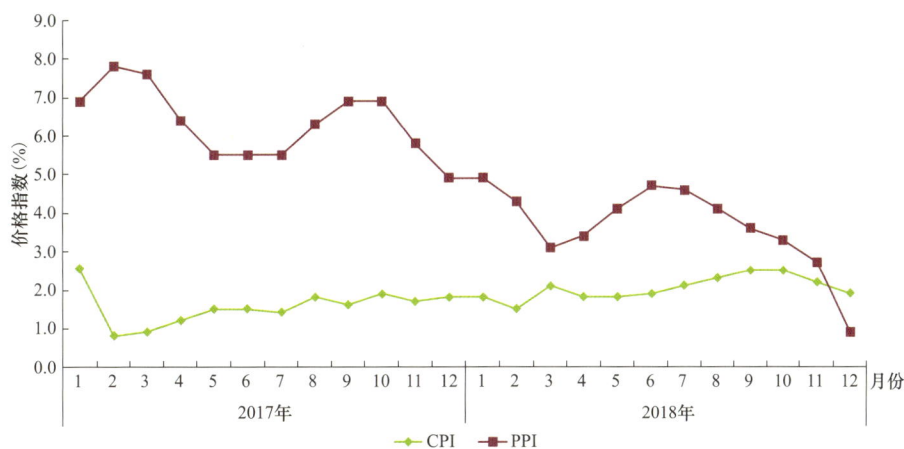

图 1-10 2017 年以来居民消费价格指数和工业品出厂价格指数

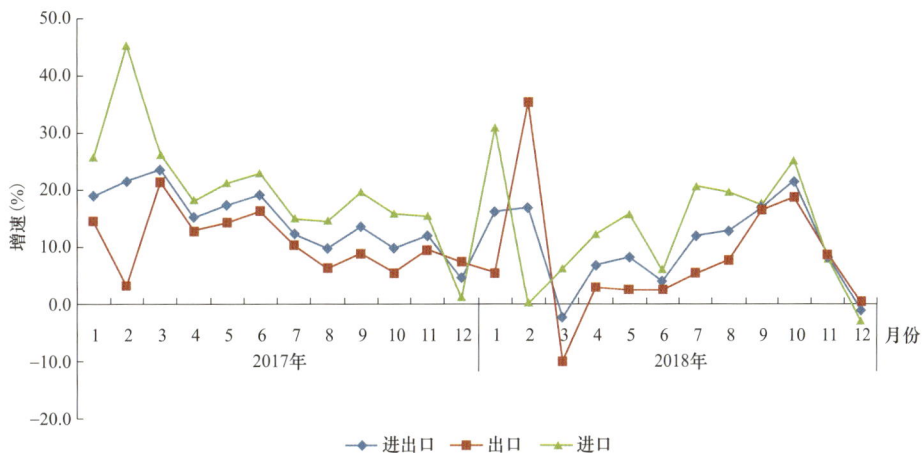

图 1-11 2017 年以来进出口增长情况

### 1.1.3 重点行业发展

2018 年，供给侧结构性改革持续深化，环保治理压力不减，下半年以后面临着不断增强的中美经贸摩擦，尽管高耗能行业产品产量总体实现增长，但是价格呈现波动下降的趋势，使后续行业生产面临下行压力。

（一）黑色金属行业

2018 年我国黑色金属行业运行呈现以下特点。

**产品产量较快增长**。2018 年，全国粗钢产量 9.3 亿 t，比上年增长 6.6％，增速较上年上升 0.9 个百分点。钢材产量 11.1 亿 t，增长 8.5%，增速较上年大幅上升 7.7 个百分点。

**钢材出口持续下降**。2018 年，我国累计出口钢材 6934 万 t，比上年减少 8.1%，连续三年下降；累计进口钢材 1317 万 t，比上年减少 1.0%。出口价格明显提高，全年钢材出口金额 606 亿元，比上年增长 11.2%。

**钢材价格先升后降**。从全年情况看，2018 年国内钢材价格平均指数为 114.8 点，比上年增长 6.5%。其中 1—10 月高于上年同期，11—12 月同比大幅下降。12 月末，钢铁协会中国钢材价格指数为 107.1 点，同比下降 12.1%。

2017 年以来黑色金属行业主要产品产量增速和价格指数分别如图 1-12 和图 1-13 所示。

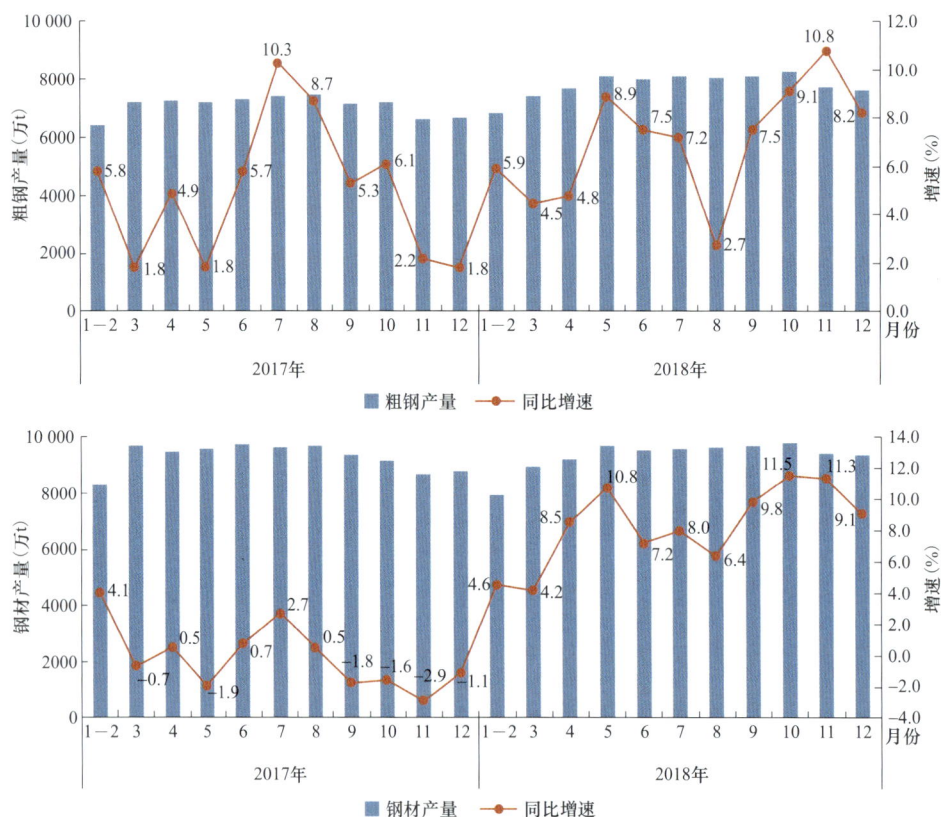

图 1-12　2017 年以来粗钢和钢材产品产量及增速

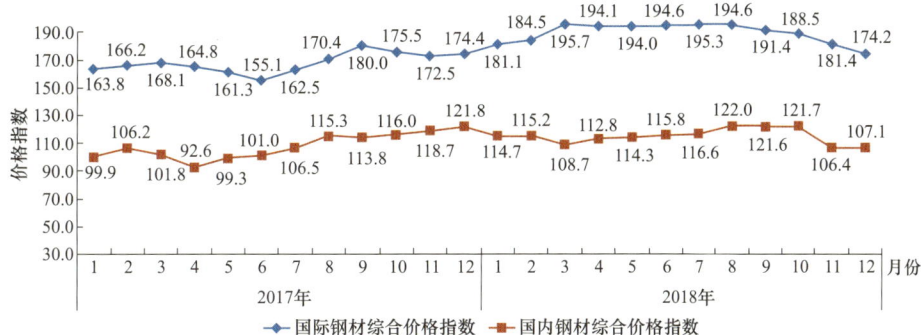

图 1-13 2017 年以来国际、国内钢材价格指数

## (二) 有色金属行业

2018 年我国有色金属行业运行呈现以下特点。

**产品产量保持稳定增长**。2018 年，全国十种有色金属产量 5688 万 t，比上年增长 6.0%，增速较上年上升 0.5 个百分点，年内增速总体呈上升趋势。其中，铜、铝、铅、锌产量分别为 903 万、3580 万、511 万、568 万 t，分别增长 8.0%、7.4%、9.8%、-3.2%。铜材和铝材产量分别为 1716 万、4555 万 t，分别增长 14.5%、2.6%。

**主要产品价格高位震荡回落，行业效益大幅下降**。2018 年，铜、铅现货均价比上年分别增长 2.9%、4.1%，涨幅同比回落 26、22 个百分点，铝、锌现货均价比上年分别下降 1.8%、1.7%。

2017 年以来有色金属行业主要产品产量和价格如图 1-14 和图 1-15 所示。

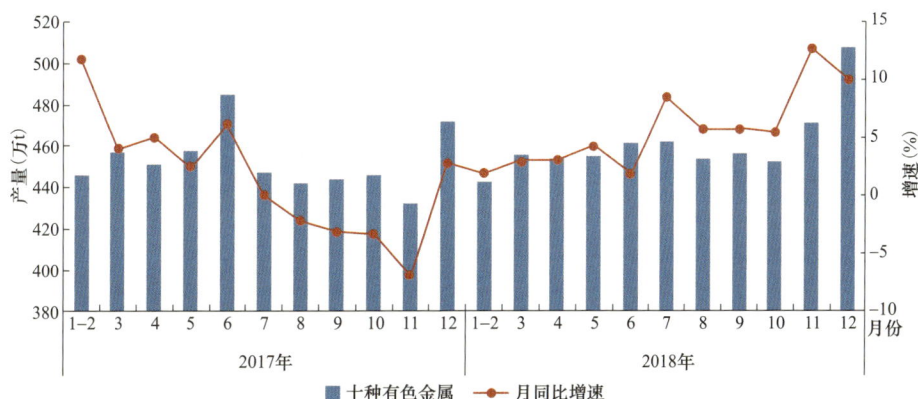

图 1-14 2017 年以来十种有色金属产量增长趋势

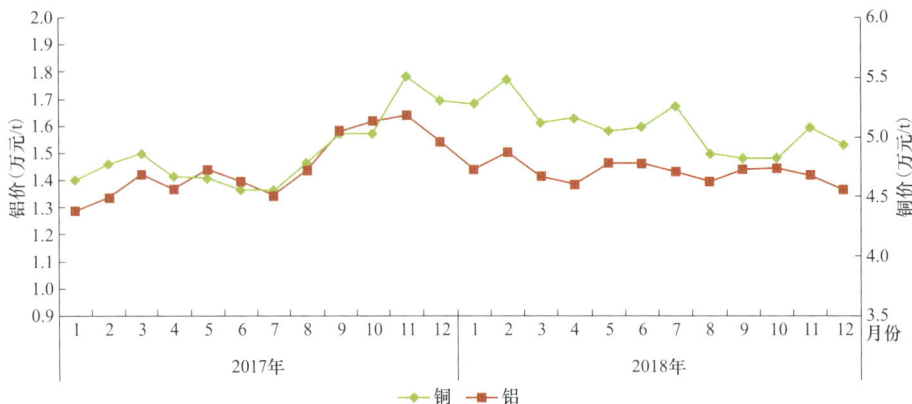

图 1-15　2017 年以来铜、铝价格变化趋势

（三）化工行业

2018 年我国化工行业运行呈现以下特点。

**规模以上企业增加值增速下降**。2018 年，化工行业规模以上企业增加值比上年增长 3.6%，增速较上年下降 0.2 个百分点，连续七年增速下降；利润总额 51 466 亿元，比上年增长 15.9%；亏损面已经超过 15%，达到 15.7%。

**生产保持低位增长**。主要化工产品总产量比上年增长约 2.3%，增速较上年下降 0.2 个百分点。其中，化肥总产量（折纯）5460 万 t，比上年减少 5.2%；硫酸产量 8636 万 t，比上年增长 1.8%；烧碱产量 3420 万 t，比上年增长 0.9%；多晶硅产量 32.5 万 t，比上年增长 2.5%；乙烯产量 1841 万 t，比上年增长 1.0%；纯苯产量 828 万 t，比上年增长 4.7%；甲醇产量 4756 万 t，比上年增长 2.9%；合成材料总产量 1.58 亿 t，比上年增长 7.5%；轮胎产量 8.16 亿条，比上年增长 1.0%。全年主要耗能化工产品（烧碱、电石、尿素等）价格呈波动下行趋势。

2017 年以来化工行业主要产品产量和价格如图 1-16 和图 1-17 所示。

（四）建材行业

2018 年我国建材行业运行呈现以下特点。

**生产保持适度增长**。2018 年，建材行业增加值比上年增长 4.3%。1—4 月略有下降，之后开始回升，呈现前低后高态势。主要产品产量保持增长，其中水泥产量 21.8 亿 t，比上年增长 3.0%，增速较上年上升 3.2 个百分点；平板玻璃产量 8.7 亿重量箱，比上年增长 2.1%，增速较上年下降 1.4 个百分点；商品混凝土产量 179 612 万 m³，比上年增长 12.4%，增速比上年上升 3.1 个百分点。

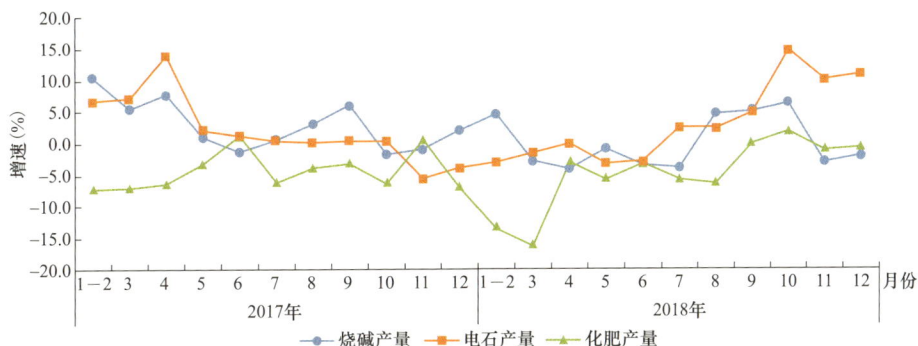

图 1-16    2017 年以来主要化工产品产量增长变化

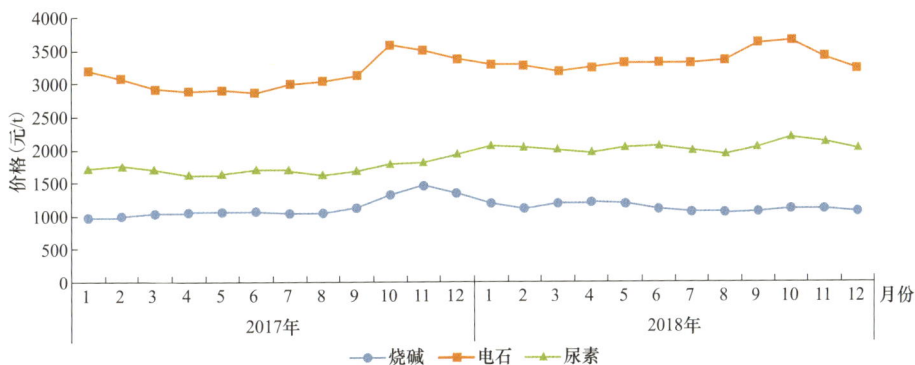

图 1-17    2017 年以来主要化工产品价格变化趋势

**价格水平稳步回升**。建材产品全年均价比上年增长 10.5%，在上年企稳回升的基础上继续上涨，其中 2018 年 12 月当月建材价格指数为 115.4，同比增长 6.5%。全国通用水泥平均出厂价格 396.7 元/t，同比增长 22%，平板玻璃平均出厂价格 75.7 元/重量箱，同比增长 3.5%。

2017 年以来建材行业主要产品产量和价格如图 1-18 和图 1-19 所示。

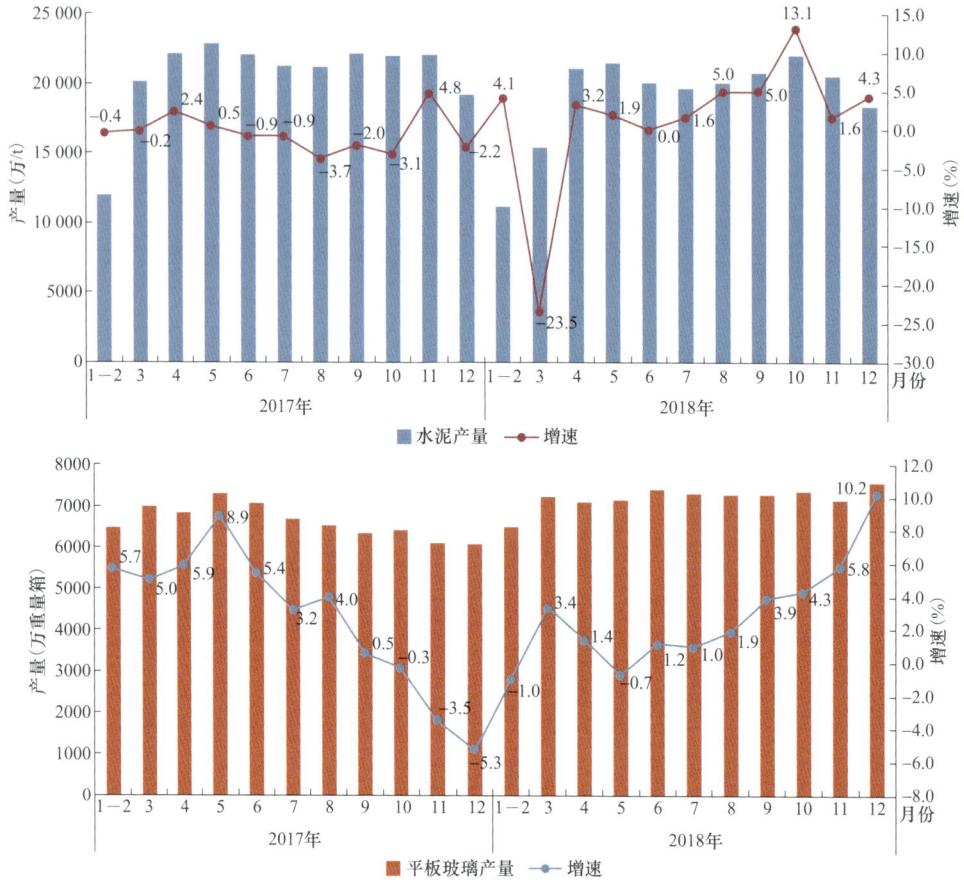

图 1-18　2017 年以来水泥和平板玻璃产品产量及增速

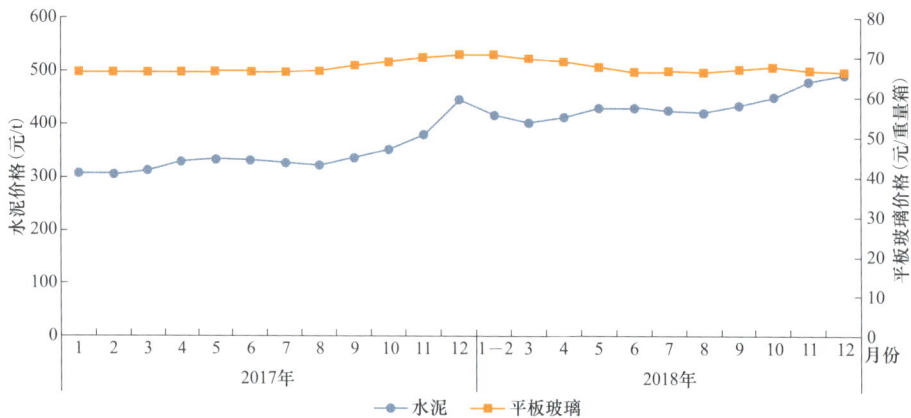

图 1-19　2017 年以来水泥和平板玻璃产品价格

## 1.2    2018 年电力消费[1]

### 1.2.1    全社会电力消费

**全社会用电增速创近七年新高**。2018 年，全社会用电量为 6.84 万亿 kW·h，比上年增长 8.5%，增速较上年上升 1.9 个百分点，为 2012 年以来最高，主要受经济增长平稳向好、电能替代加快推进、气温气候变化等因素叠加影响。这些影响主要表现在装备制造业用电量拉动作用增强，大多数服务业用电量两位数增长，居民生活用电量增速保持高位。分季度来看，四个季度增速分别为 9.8%、9.0%、8.0% 和 7.3%，增速逐季回落。2017—2018 年全社会用电量分季度增长情况如图 1-20 所示。

图 1-20    2017—2018 年全社会用电量分季度增长情况

---

[1]    在撰写本报告时，中电联还未发布年报数据，因此编写组采用中电联快报数据对 2018 年电力消费进行分析，未含新疆生产建设兵团全部用电量及魏桥创业集团调整的用电量。

## 1.2.2 分行业电力消费

**三次产业和居民生活用电增长均较上年加快，第二产业是拉动全社会用电量增长的主要动力。** 2018 年，第一产业用电 728 亿 kW·h，比上年增长 9.8%，增速较上年上升 2.5 个百分点；第二产业用电 47 235 亿 kW·h，比上年增长 7.2%，增速上升 1.7 个百分点，为 2012 年以来新高，是全社会用电量增长的主要拉动力（贡献率为 59.0%），拉动全社会用电量增长 5.0 个百分点；第三产业和居民生活用电分别为 10 801 亿、9685 亿 kW·h，比上年分别增长 12.7%、10.4%，增速较上年分别上升 2.0、2.6 个百分点，为用电量的快速增长提供了支撑。2017—2018 年三次产业和居民生活用电量增速如图 1-21 所示。

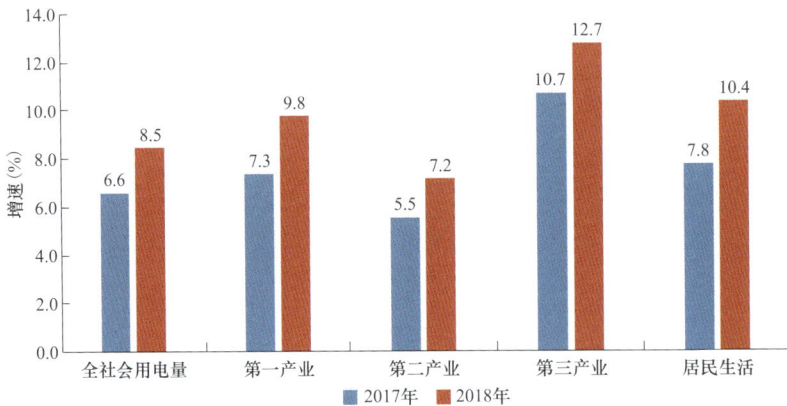

图 1-21　2017—2018 年三次产业和居民生活用电量增速

**第三产业和居民生活用电比重提高，是全社会用电增长的稳定支撑。** 2018 年，第三产业、居民生活用电在全社会用电量中的比重分别为 15.8% 和 14.1%，分别较上年提高 0.6 和 0.2 个百分点；第二产业用电比重为 69.0%，较上年降低 0.8 个百分点；第一产业用电比重为 1.1%，与上年持平。2017—2018 年三次产业和居民生活用电比重如图 1-22 所示。

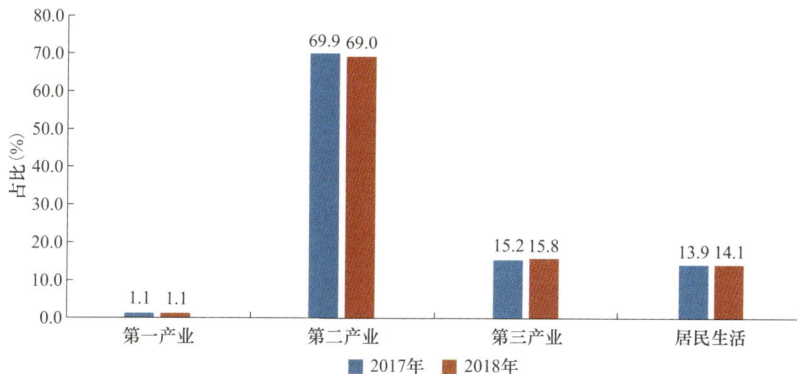

图 1 - 22　2017—2018 年三次产业和居民生活用电比重

**工业用电保持较快增长**。2018 年，工业用电 46 456 亿 kW·h，比上年增长 7.1%，增速较上年上升 1.6 个百分点。其中，高技术及装备制造业❶用电量 7083 亿 kW·h，比上年增长 9.5%，高于工业用电增速 2.4 个百分点。具体来看，汽车制造业、金属制品业、计算机/通信和其他电子设备制造业、通用设备制造业、电气机械和器材制造业、专用设备制造业用电量均保持较快增长，比上年分别增长 13.6%、12.2%、11.9%、8.6%、6.9% 和 6.4%。

**四大高耗能行业用电量均实现正增长，黑色金属行业用电增速较上年大幅上升**。2018 年，四大高耗能行业合计用电 19 129 亿 kW·h，比上年增长 6.1%，增速较上年上升 2.1 个百分点，低于工业增速 1.0 个百分点，拉动全社会用电量增长 1.7 个百分点，较上年提高 0.5 个百分点。各季度增速分别为 4.8%、5.3%、7.3% 和 7.0%，因国家和地方"稳投资"等措施逐步发力，并受上年低基数影响，下半年增速回升。其中，化工、建材、黑色金属、有色金属行业用电量分别增长 2.6%、5.8%、9.8%、5.7%，化工、有色金属行业用电量增速较上年分别下降 2.0、0.7 个百分点；建材、黑色金属行业

---

❶　高技术及装备制造业包括医药制造业、金属制品业、通用设备制造业、专用设备制造业、汽车制造业、铁路/船舶/航空航天和其他运输设备制造业、电气机械和器材制造业、计算机/通信和其他电子设备制造业、仪器仪表制造业 9 个行业。

用电量增速较上年分别上升 2.1、8.6 个百分点，黑色金属行业拉动率上升主要是受产品结构调整、电炉钢的大量投产、环保治理、淘汰落后产能导致上年基数较低等因素影响。2018 年四大高耗能行业用电量及其增速如图 1-23 所示。

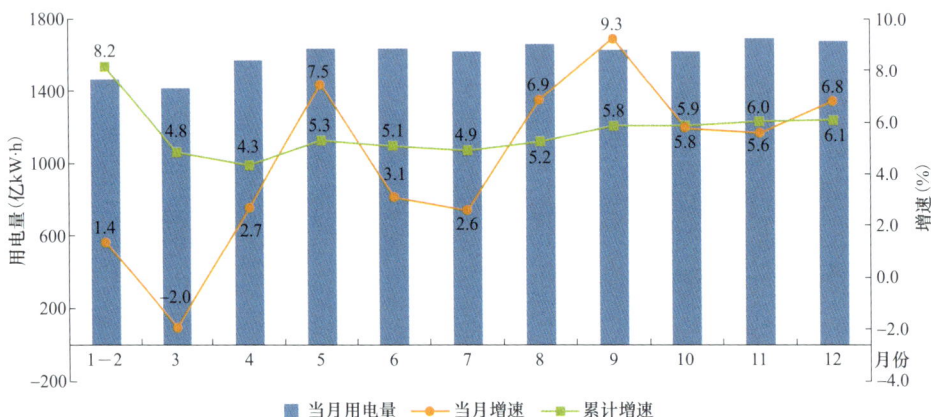

图 1-23　2018 年四大高耗能行业用电量及其增速

### 1.2.3　分地区电力消费

**西北地区用电量增速下降，其他区域用电量增速出现不同程度上升。** 2018 年，华北（含蒙西）地区用电 16 521 亿 kW·h，比上年增长 9.6%，增速较上年上升 4.3 个百分点；华东地区用电 16 677 亿 kW·h，增长 7.2%，增速上升 0.5 个百分点；华中地区用电 8663 亿 kW·h，增长 9.5%，增速上升 3.0 个百分点；东北（含蒙东）地区用电 4606 亿 kW·h，增长 6.4%，增速上升 1.8 个百分点；西北地区用电 6825 亿 kW·h，增长 7.9%，增速下降 2.1 个百分点；西南地区用电 3643 亿 kW·h，增长 11.8%，增速上升 5.9 个百分点；南方地区用电 11 514 亿 kW·h，增长 8.3%，增速上升 1.0 个百分点。2017—2018 年分区域全社会用电量增速如图 1-24 所示。

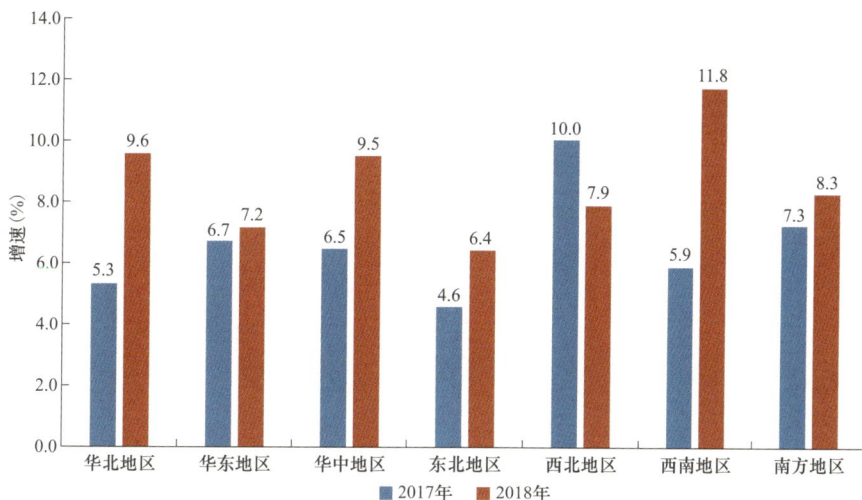

图 1-24　2017—2018 年分区域全社会用电量增速

# 1.3　2018 年电力供应

## 1.3.1　电源建设情况❶

　　**净增装机容量同比减少，但核电、风电净增装机快速增长**。2018 年，全国净增发电设备容量 1.2 亿 kW，比上年减少 3.1%。其中，水电净增 867 万 kW，比上年减少 24.7%；火电净增 3872 万 kW，比上年减少 12.0%；核电净增 884 万 kW，约为上年净增规模的 4 倍；风电净增 2101 万 kW，比上年增长 33.1%；太阳能发电净增 4521 万 kW，比上年减少 14.9%❷。

　　**电源结构不断优化，非化石能源装机占比上升**。截至 2018 年底，全国发电

---

❶　关于电源建设更为详细的分析，见《能源与电力分析年度报告系列　2019　中国电源发展分析报告》和《能源与电力分析年度报告系列　2019　中国新能源发电分析报告》。

❷　本报告中 2017 年发电设备年末容量数据，来自于中电联《2017 年电力工业统计资料汇编》；2018 年发电设备年末容量数据，来自于《2018 年全国电力工业统计快报》；2018 年发电设备净增容量＝2018 年年末装机容量－2017 年年末装机容量。

装机容量 19.0 亿 kW，比上年末增长 6.9%。其中，火电 11.4 亿 kW，占全部装机容量的 60.2%，较上年降低 2.0 个百分点；水电 3.5 亿 kW，占全部装机容量的 18.5%，较上年降低 0.8 个百分点；核电 4466 万 kW，占全部装机容量的 2.4%，较上年提高 0.3 个百分点；风电 1.8 亿 kW，占全部装机容量的 9.7%，较上年提高 0.5 个百分点；太阳能发电 1.7 亿 kW，占全部装机容量的 9.2%，较上年提高 1.9 个百分点。非化石能源装机 7.6 亿 kW，占全部装机容量的 39.8%，较上年提高 2.0 个百分点。2018 年净增装机和年末总装机结构如图 1-25 所示。

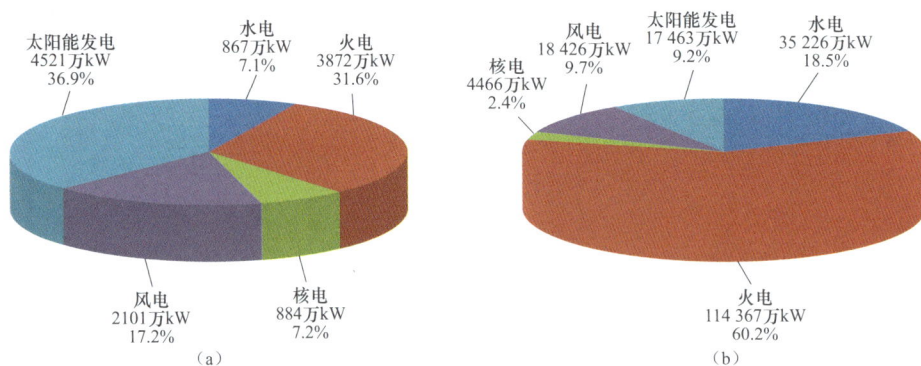

图 1-25　2018 年净增装机和年末总装机结构

(a) 2018 年净增装机结构；(b) 2018 年底发电装机结构

**华东地区净增装机最多，西南和东北地区较少**。分区域看，华东地区净增装机容量最多，为 2763 万 kW，占全部净增装机容量的 22.5%，西北、华北、南方、华中地区净增装机容量分别为 2501 万、2480 万、1848 万、1711 万 kW，分别占全部净增装机容量的 20.4%、20.2%、15.0% 和 13.9%；东北、西南净增容量较少，分别为 775 万、211 万 kW，分别占全部净增装机容量的 6.3%、1.7%。2018 年净增装机区域分布如图 1-26 所示。

**净增水电主要集中于云南和四川两省**。2018 年，云南、四川净增水电机组容量分别为 385 万、110 万 kW，合计占全国水电净增装机的 57.0%。

**发电量增速持续上升，非化石能源发电占比上升**。2018 年，全国发电量 69 940 亿 kW·h，比上年增长 8.4%，增速较上年上升 1.9 个百分点。分类型看，水电发电量 12 329 亿 kW·h，比上年增长 3.2%，占全国发电量的 17.6%，较上年降低 0.9 个百分点；火电发电量 49 231 亿 kW·h，比上年增长 7.3%，占全国发电量的 70.4%，较上年降低 0.7 个百分点；核电、风电和太阳能发电量分别为 2944 亿、3660 亿、1775 亿 kW·h，比上年分别增长 18.6%、20.2% 和 50.8%，占全国发电量的比重分别为 4.2%、5.2% 和 2.5%。2018 年发电量（全口径）结构如图 1-27 所示。

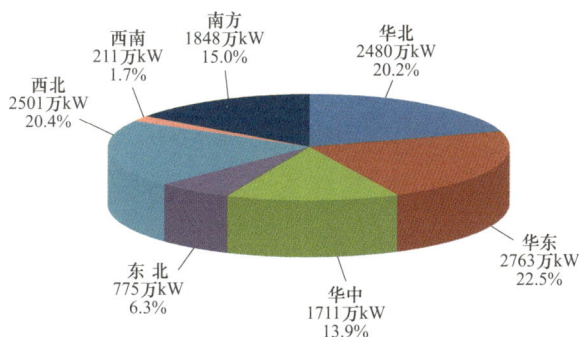

图 1-26  2018 年全国净增装机区域分布

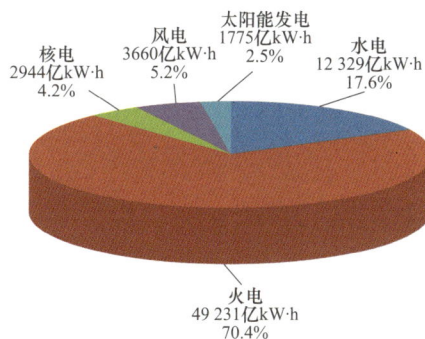

图 1-27  2018 年发电量（全口径）结构

**各类型发电设备的利用小时数均有所提升，其中风电、火电上升幅度最大。** 2018 年，全国 6000kW 及以上电厂发电设备平均利用小时数 3862h，比上年增加 73h。其中，水电设备平均利用小时数 3613h，比上年增加 16h；火电设备平均利用小时数 4361h，比上年增加 143h；核电设备平均利用小时数 7184h，比上年增加 95h；风电设备平均利用小时数 2095h，比上年增加 146h；太阳能发电设备平均利用小时数 1212h，比上年增加 7h。

## 1.3.2　电网建设情况●

**电网建设投资规模小幅增长**。2018 年，全国电网工程建设投资完成 5373 亿元，比上年增长 0.6%。全国新增 220kV 及以上输电线路回路长度 41 035km，比上年减少 0.9%；新增直流换流容量 3200 万 kW，比上年减少 59.5%；新增 220kV 及以上变电设备容量 22 082 万 kV·A，比上年减少 8.9%。截至 2018 年底，220kV 及以上输电线路回路长度为 733 393km，比上年末增长 7.0%。其中，直流部分长度为 41 979km，比上年末增长 12.3%；交流部分长度为 691 414km，比上年末增长 6.7%。截至 2018 年底，220kV 及以上公用变电设备容量为 402 255 万 kV·A，比上年末增长 6.2%。

**特高压工程建设稳步推进**。截至 2018 年底，国家电网有限公司已建成"八交十一直"特高压工程，核准在建"六交一直"特高压工程。其中，上海庙—山东直流、藏中联网工程建成投运；苏通 GIL 管廊隧道工程贯通；蒙西—晋中等 4 项交流工程开工建设；首条以输送新能源为主的青海—河南特高压直流工程开工建设。

## 1.3.3　发电装机受阻情况

**东北、华北地区等煤电机组出力受阻情况突出，影响电力供需平衡**。东北地区，辽宁存在因供热、煤质差、辅机缺陷及网架等原因造成的机组出力受阻。黑龙江存在因电煤供应不足和煤质较差等原因造成的出力受阻，导致部分区域火电开机方式达到最小运行方式要求，给电网安全稳定运行带来较大风险。华北地区，山西受环保、机组背压改造、电煤价格等因素影响，迎峰度夏

---

● 关于电网建设更为详细的分析，见《能源与电力分析年度报告系列　2019　中国电源发展分析报告》。

期间受阻出力最大超过开机容量 12%，严重影响了电力平衡与外送。

**其他地区部分省份存在机组出力受阻**。华东地区各省机组出力受阻原因主要有燃气供应不足、水库库容限制、煤质差等。华中地区江西存在机组出力受阻情况，受阻原因主要为环保、设备老化、来水情况等，对电力供需平衡有一定程度的影响。西北地区，陕西存在因来水情况、煤质差、设备老化、网架结构等原因造成的出力受阻。青海电网因通道输送能力不足导致风电和光伏发电出力受阻。西南地区，四川存在燃煤和水电机组出力受阻，原因主要为环保、网架结构制约等。重庆存在因煤质、来水等原因导致的机组出力受阻。西藏受来水情况影响存在水电出力受阻情况。

## 1.3.4 跨区跨省输电情况

**风电、太阳能发电外送电量保持快速增长**。2018 年，国家电网公司省间交易电量完成 9682 亿 kW·h，比上年增长 10.6%。其中，清洁能源（水、风、光、核）电量为 4373 亿 kW·h，比上年增长 7.1%。水电送出 3101 亿 kW·h，比上年减少 0.3%；风电、太阳能等新能源发电送出 718 亿 kW·h，比上年增长 45.8%。

**特高压交易电量大幅增长**。2018 年，特高压电量完成 2912 亿 kW·h，比上年增长 24.7%。其中，特高压交流完成 574 亿 kW·h，比上年增长 14.4%；特高压直流完成 2338 亿 kW·h，比上年增长 27.5%。

## 1.3.5 可再生能源消纳❶

**水电利用小时数增加，水能利用率达到较高水平**。截至 2018 年底，全国全口径水电装机 3.5 亿 kW，比上年增长 2.5%。全国全口径水电发电量 12 329 亿 kW·h，

---

❶ 本节内容涉及新能源消纳的部分，更详细的分析见《能源与电力分析年度报告系列 2019 中国新能源发电分析报告》。

比上年增长 3.2%。发电设备利用小时数 3613h，较上年增加 16h。全年弃水电量 691 亿 kW·h，在来水好于 2017 年的情况下，全国平均水能利用率达到 95% 左右。

**风电利用小时数大幅增加，弃风限电形势明显好转**。2018 年，全国风电发电量 3660 亿 kW·h，比上年增长 20.2%，占全部发电量的 5.2%，比重较 2017 年提高 0.5 个百分点。全国风电设备平均利用小时数为 2095h，较上年增加 146h。全年弃风电量 277 亿 kW·h，比上年减少 142 亿 kW·h，平均弃风率为 7%，同比下降 5 个百分点，继续实现弃风电量和弃风率"双降"。大部分弃风限电严重地区的形势进一步好转，其中吉林、甘肃弃风率下降超过 14 个百分点，内蒙古、辽宁、黑龙江、新疆弃风率下降超过 5 个百分点。弃风主要集中在新疆、甘肃、内蒙古，新疆弃风电量、弃风率分别为 107 亿 kW·h、23%；甘肃弃风电量、弃风率分别为 54 亿 kW·h、19%；内蒙古弃风电量、弃风率分别为 72 亿 kW·h、10%。

**光伏发电利用小时数有所增加，弃光电量和弃光率实现"双降"**。2018 年，全国太阳能发电量 1775 亿 kW·h，比上年增长 50.8%。我国太阳能发电设备平均利用小时数 1212h，比上年增加 7h。全国光伏发电弃光电量同比减少 18 亿 kW·h，弃光率同比下降 2.8 个百分点，实现弃光电量和弃光率"双降"。弃光主要集中在新疆和甘肃，其中新疆（不含兵团）弃光电量 21.4 亿 kW·h，弃光率 16%，弃光率同比下降 6 个百分点；甘肃弃光电量 10.3 亿 kW·h，弃光率 10%，弃光率同比下降 10 个百分点。

## 1.4  2018 年电力供需平衡情况

2018 年，用电增速回升，电网峰谷差加大，全社会用电量增速快于发电装机增速。全国电力供需形势从前几年的总体宽松转为总体平衡。其中，**华北、华东、华中、西南区域电力供需总体平衡，部分省份局部性、阶段性电力供应**

偏紧；南方区域电力供需平衡有余；东北、西北区域电力供应能力富余。具体来看：

**华北电网**受年初寒潮天气影响，出现电煤紧缺、机组减出力，部分地区采取有序用电措施；迎峰度夏期间区域电网及部分省网负荷屡创新高，京津冀鲁受端电网电力供需持续紧张，平衡缺口较大，通过开展区域、省间联络线支援及错峰互济，满足电力需求。

**华东电网**受年初寒潮天气影响，部分时段采取有序用电措施；夏季个别省出现短时间缺口，通过电量置换、短期购电、启动有序用电等方式顺利度过夏季高温日。

**华中电网**受年初低温极寒天气及夏季持续极端炎热天气等因素影响，全社会用电负荷明显上升，湖北、湖南、河南、江西均采取有序用电措施。

**西南电网**受夏季伏旱天气及工业负荷快速增长的影响，用电负荷创历史新高，度夏期间整体电力供应形势较为紧张。

**南方电网**电力供需平衡有余。**东北、西北电网**电力供应富余。

# 2

## 影响 2019 年电力供需的主要因素

📡 **章节要点**

**2019 年我国经济延续总体平稳态势，增速略有放缓**。2019 年，我国投资增速有所回升，消费增速有所下滑，出口增速明显下降，内需对我国经济增长的支撑作用将更加明显。中方案，预计全年经济增速在 6.2％左右，增速较上年下降 0.4 个百分点。

**重点行业生产运行态势难有改善**。受国内外经济面临下行压力影响，重点高耗能行业运行态势难有显著改善，产品产量将稳中有降。预计 2019 年四大高耗能行业用电量增速较上年有所回落。

**全国大部气温整体偏高，来水南多北少**。预计全国大部气温整体偏高，汛期影响华东沿海热带风暴或台风的个数较常年略有偏多；全国重点水电厂来水南多北少，华东较常年偏多，华中分布不均，东北总体偏枯，西北正常略偏多，西南来水总体持平。

**电煤供需形势整体平衡**。受煤炭优质产能持续释放、环保及安全检查力度加强、降煤耗等多种影响因素，预计全年煤炭产量同比略有增长，库存保障能力有望进一步提升，煤炭价格整体稳中有降。预计全年煤炭供需形势整体平衡。

**电能替代深入推进**。乡村电气化和重点区域电供暖改造深入推进，预计国网区域 2019 年增加采暖电量约 160 亿 kW·h。预计 2019 年全国完成电能替代电量 1630 亿 kW·h，其中国网区域 1450 亿 kW·h。

电力与经济密切相关，经济形势是影响用电增长的首要因素。随着产业结构深度调整、环保治理快速推进、电力体制改革持续深化、电能替代和清洁替代加快实施，影响电力供需的因素逐渐呈现多元化、复杂化的特点。考虑上述原因，本章主要分析宏观经济运行、业扩报装情况、重点行业发展、气温与来水、环境保护政策措施、电力体制改革、电能替代实施力度、发电能源供需走势等八个方面，为用电增长和电力供应相关预测提供基础。

# 2.1 宏观经济运行

## 2.1.1 2019 年国际经济形势

**全球经济见顶回落**。伴随全球流动性收紧，利率中枢上行，贸易摩擦升级，全球经济将边际放缓。IMF[1] 预计 2019 年全球经济增长 3.3%，较 2018 年下降 0.3 个百分点，其中发达国家增长 1.8%，较 2018 年下降 0.4 个百分点；新兴经济体增长 4.4%，较 2018 年下降 0.1 个百分点。美国经济边际放缓，特朗普减税效应递减，企业告别低利率环境，运营的利息成本上升，全球贸易摩擦影响显现，预计 2019 年美国经济增长率为 2.5%，较 2018 年下降 0.4 个百分点；欧盟受外需放缓、退出量化宽松政策及政治不确定性上升等影响，经济景气指数和消费者信心指数持续下行，预计 2019 年欧元区经济增长率为 1.6%，较 2018 年下降 0.2 个百分点；日本货币政策再难宽松，超宽松货币政策对经济刺激效应递减，叠加提高消费税对消费产生挤出效应，经济暂难反弹；新兴经济体表现或将分化。伴随上半年美欧货币政策继续收紧、中美去库存掣肘大宗商品需求及价格，资源型新兴市场经济增速承压，而贸易摩擦引发的全球产业链转移与分工，将使越南等部分生产型新兴市场国家获益。

---

[1] 数据来源于 IMF 2019 年 4 月发布的《世界经济展望报告》。

**金融市场风险加剧**。在债务负担居高不下的环境下，主要经济体的风险事件可能引起投资者情绪的更广泛恶化，以及资产的突然大幅重新定价，引发普遍的避险行为。中国经济增速减缓将对贸易伙伴和全球大宗商品价格造成不利影响。

**全球经济不确定性因素增多**。全球经济前景面临的主要风险来自于贸易谈判的结果和金融状况走向。此外，欧洲面临重大政治风险，包括英国艰难脱欧、意大利与欧盟的预算僵局、法国财政恶化、民粹主义抬头等。其中，英国脱欧协议可能被迫延期，欧盟议会选举前后不排除其他国家民粹主义主张脱欧。中东和东亚的地缘政治紧张局势也是全球经济增长的风险点。

## 2.1.2　中美经贸摩擦

2018 年以来，美国政府奉行"美国优先"政策，贸易保护主义抬头，于 2018 年 1 月和 3 月两次针对全球加征关税，涉及太阳能电池、太阳能板、大型家用洗衣机及钢铁和铝。美国针对中国的贸易保护措施不断升级，**2018 年 6 月 15 日，美国政府公布第一轮加征关税措施，针对自中国进口的 500 亿美元商品加征 25% 的关税**。涉及航空航天、信息科技、机械工业、交通运输设备、机器人、建筑机械、电子产品、医药生物等行业的 1333 项商品，分别于 7 月 6 日和 8 月 23 日对其中 340 亿和 160 亿商品实施加征关税。**2018 年 9 月 17 日，美国政府公布第二轮加征关税措施，涉及价值 2000 亿美元的中国进口产品。涉及对美出口绝大多数行业**。自 9 月 24 日至年底，加征关税税率为 10%；自 2019 年 1 月 1 日起，税率将上调至 25%。2018 年 12 月 1 日，中美双方决定暂停升级关税等贸易限制措施，利用 90 天时间加紧磋商。

**2019 年 5 月以来，中美经贸摩擦不断升级。5 月 10 日，美国将 2000 亿美元中国商品加征关税税率由 10% 上调至 25%**。此外，美方计划于 6 月 17 日就是否向此前关税清单中剩余的 3250 亿美元中国商品加征 25% 关税举行公开听证会。5 月 13 日，中国提出反制措施，对部分已加征关税的 600 亿美元美国商品提高关税税率，对此前 10％的税率提到了 25％和 20％，对原本 5％的部分税率提到了 10％，部分维持不变。

**中美经贸摩擦具有长期性、复杂性和艰巨性**。中美经贸争端的谈判过程困难重重，双方的三大主要分歧在于：一是取消全部加征关税；二是贸易采购数字要符合实际；三是改善文本平衡性。**短期来看**，中美贸易谈判在 6 月底 G20 峰会前难以取得进展，预计中美两国领导人有可能会晤，双方同意恢复磋商机制并同意暂时推迟对 3250 亿美元商品加征关税是大概率事件。但也不排除领导人会晤无法达成共识，存在 7 月开始对 3250 亿美元商品加征关税的可能性。**长期来看**，中美产业关系从互补走向竞争，贸易摩擦的根源不是表面上的缩减逆差和贸易平衡，本质是霸权国家对新兴大国的战略遏制，中美经贸摩擦具有长期性、复杂性和艰巨性。

据电力供需实验室测算，若维持现有加征关税情况不变（对 2500 亿美元商品加征 25％关税），将拉低 2019 年我国 GDP 增速约 0.4 个百分点，拉低用电增速约 0.8 个百分点；若 7 月对剩余 3250 亿美元商品也加征 25％关税，将拉低 2019 年 GDP 增速约 0.8 个百分点，拉低用电增速约 1.4 个百分点。

## 2.1.3 2019 年以来经济运行态势

**国民经济开局平稳，发展韧性进一步凸显**。2019 年一季度，我国 GDP 为 213 433 亿元，按可比价格计算，同比增长 6.4％，与上年四季度持平，比上年同期和全年分别回落 0.4、0.2 个百分点。在外部环境更加复杂严峻的情况下，经济展现更强韧性，GDP 连续 14 个季度保持在 6.4％～6.8％区间。其中，第一产业增加值 8769 亿元，同比增长 2.7％；第二产业增加值 82 346 亿元，同比增长 6.1％；第三产业增加值 122 317 亿元，同比增长 7.0％。2016 年以来 GDP 及三次产业当季同比增速如图 2-1 所示。

**工业生产有所加快，高技术产业占比提高**。2019 年一季度，全国规模以上工业增加值同比实际增长 6.5％，增速比 1—2 月加快 1.2 个百分点，比上年四季度加快 0.8 个百分点，比上年同期回落 0.3 个百分点。分经济类型看，国有控股企业增加值增长 4.5%，股份制企业增长 7.8%，外商及港澳台商投资企业增长 1.4%。分三大门类看，采矿业增加值同比增长 2.2%，制造业增长 7.2%，电力、热力、燃气及水生产和供应业增长 7.1%。工业高技术产业增加值同比增长 7.8%，快于规模以上工业 1.3 个百分点，占全部规模以上工业的比重为 13.5%，比上年同期提高 0.8 个百分点。工业战略性新兴产业增加值同比增长 6.7%，快于规模以上工业 0.2 个百分点。新产品快速增长，一季度，移动通信基站设备、城市轨道车辆、新能源汽车、太阳能电池产量同比分别增长 153.7%、54.1%、48.2%和 18.2%。2017 年以来全国工业增加值逐月同比增速如图 2-2 所示。

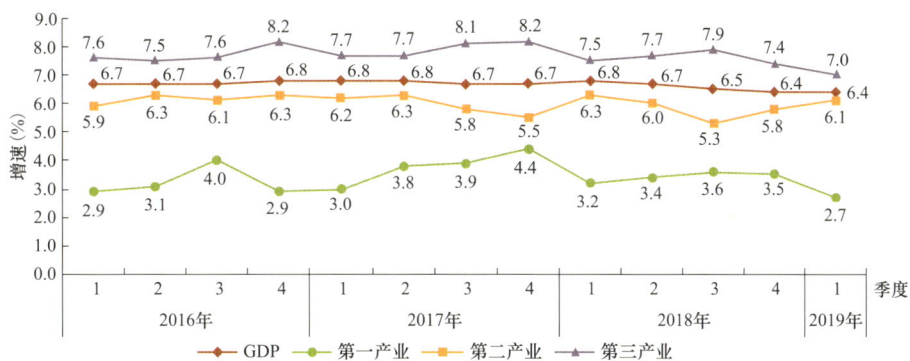

图 2-1　2016 年以来 GDP 及三次产业当季同比增速

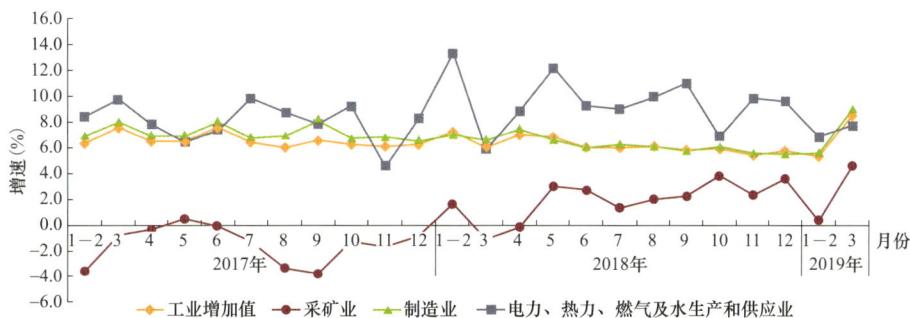

图 2-2　2017 年以来全国工业增加值逐月同比增速

**投资稳步回升，高技术产业投资增长较快**。2019 年一季度，全国固定资产投资（不含农户）101 871 亿元，同比增长 6.3%，增速比 1—2 月加快 0.2 个百分点，比上年同期回落 1.2 个百分点。其中，民间投资 61 492 亿元，增长 6.4%。分产业看，第一产业投资增长 3.0%；第二产业投资增长 4.2%，其中制造业投资增长 4.6%；第三产业投资增长 7.5%，其中基础设施投资增长 4.4%。高技术制造业投资同比增长 11.4%，增速比全部投资快 5.1 个百分点；高技术服务业投资同比增长 19.3%，比全部投资快 13.0 个百分点。房地产开发投资同比增长 11.8%，增速比 1—2 月小幅提高 0.2 个百分点。2017 年以来固定资产投资（累计）增速如图 2-3 所示。

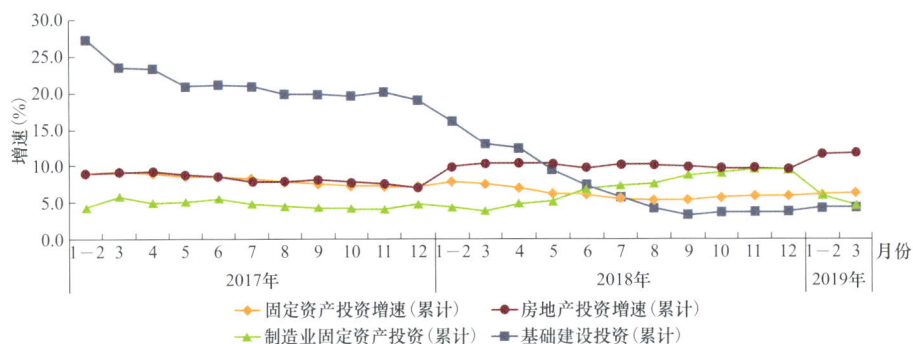

图 2-3　2017 年以来固定资产投资（累计）增速

**市场销售增速上升，网上零售占比提高**。2019 年一季度，社会消费品零售总额 97 790 亿元，同比增长 8.3%，增速比 1—2 月加快 0.1 个百分点，比上年同期回落 1.5 个百分点。其中，消费升级类商品销售增长较快，限额以上单位化妆品类、通信器材类商品同比分别增长 10.9%、10.0%，增速分别快于社会消费品零售总额 2.6、1.7 个百分点。一季度，全国网上零售额 22 379 亿元，同比增长 15.3%，比 1—2 月加快 1.7 个百分点。其中，实物商品网上零售额 17 772 亿元，增长 21.0%，占社会消费品零售总额的比重为 18.2%，比 1—2 月提高 1.7 个百分点。2017 年以来社会消费品零售总额当月增速如图 2-4 所示。

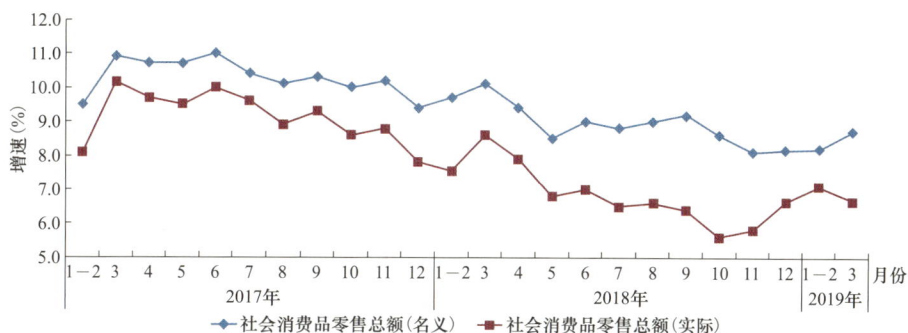

图 2 - 4　2017 年以来社会消费品零售总额当月增速

**进出口总额增长加快，贸易结构持续优化**。2019 年一季度，进出口同比增长 3.7%，增速比 1－2 月加快 3.0 个百分点。其中，出口 37 674 亿元，增长 6.7%；进口 32 377 亿元，增长 0.3%。进出口相抵，顺差 5297 亿元，比上年同期扩大 75.2%。贸易方式结构进一步优化，一般贸易进出口增长 6.0%，占进出口总额的比重为 59.6%，比上年同期提高 1.3 个百分点；机电产品出口增长 5.4%，占出口总额的比重为 58.8%。民营企业进出口增长 9.9%，占进出口总额的比重为 40.6%，比上年同期提高 2.3 个百分点。2017 年以来进出口当月同比增长情况如图 2－5 所示。

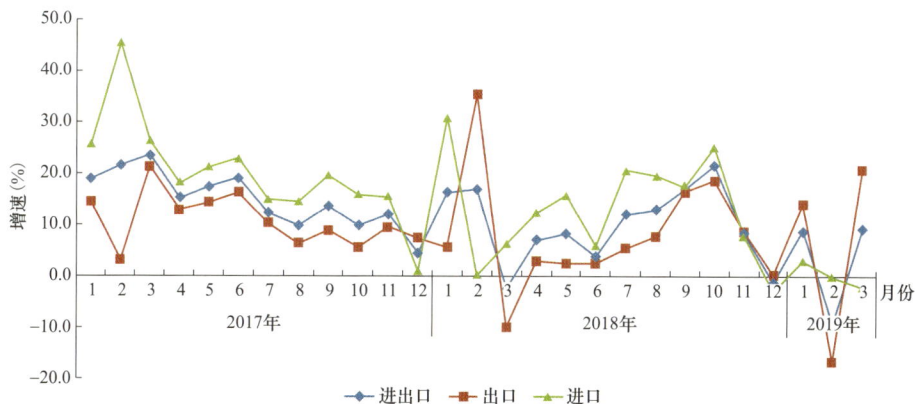

图 2 - 5　2017 年以来进出口当月同比增长情况

## 2.1.4  2019 年我国宏观经济政策

2019 年是新中国成立 70 周年，是全面建成小康社会、实现第一个百年奋斗目标的关键之年。同时，我国发展面临的环境更复杂、更严峻，经济增长目标区间下移，逆周期调控力度加大。2019 年政府工作报告要求"决不能让经济运行滑出合理区间"。为了实现经济运行目标，需要更好地处理稳增长与防风险之间的关系。报告指出"在当前经济下行压力加大情况下，出台政策和工作举措要有利于稳预期、稳增长、调结构，防控风险要把握好节奏和力度，防止紧缩效应叠加放大"。2019 年的"稳增长"政策将选择新的思路，更加注重激发微观主体本身的活力。政府将实施更大力度的减税降费，减轻企业负担，将深化放管服改革，激发市场活力，保障经济平稳运行。

**(1) 货币政策保持松紧适度**。政府工作报告指出，2019 年，要改革完善资本市场基础制度，促进多层次资本市场健康稳定发展，提高直接融资特别是股权融资比重。稳健的货币政策要松紧适度。广义货币 M2 和社会融资规模增速要与国内生产总值名义增速相匹配，以更好地满足经济运行保持在合理区间的需要。2019 年，货币政策有两个着力点：一是保持货币信贷合理增长。考虑到国际经济形势和全球主要经济体的货币政策取向，结合我国经济基本面和通胀水平，2019 年降准、降息仍有空间。结合政府工作报告中实际 GDP 增速区间及 CPI 目标，预计名义 GDP 为 8.5% 左右，M2 增速为 8.5% 左右。二是改善货币政策传导机制，切实解决民营企业和小微企业的融资难题。采取的措施包括改革完善货币信贷投放机制、适时运用存款准备金率及利率等数量和价格手段、加大对中小银行定向降准力度、支持大型商业银行多渠道补充资本、清理规范银行及中介服务收费等。

**(2) 财政政策保持积极，财政支出结构进一步优化**。政府工作报告提出，积极的财政政策要加力提效。2019 年，赤字率拟按 2.8% 安排，比上年预算高 0.2 个百分点。财政赤字 2.76 万亿元，其中中央财政赤字 1.83 万亿元，地方财政赤字 9300 亿元。2019 年，拟安排地方政府专项债券 2.15 万亿元，比上年增加 8000 亿元，为重点项目建设提供资金支持，也为更好防范化解地方政府债务风险创造条件，合理扩大专项债券使用范围。提高赤字率和增加地方政府专项债券是贯彻积极有效的财政政策的一个举措，政府通过更多的负债，围绕着改善民生的相关基础建设、公共服务项目筹措建设资金。此外，2019 年政府工作报告中还提出，将通过降低增值税税率、降低企业社保缴费负担等措施，全年减轻企业税收和社保缴费负担近 2 万亿元。

## 2.1.5　2019 年我国宏观经济预测

2019 年，我国将坚持稳中求进的工作总基调，坚持推动高质量发展，更加注重逆周期调控，实施积极的财政政策和稳健的货币政策，进一步加大"六稳"力度，保持经济运行在合理区间，内需对我国经济增长的支撑作用将更加明显。"三驾马车"方面，投资增速有所回升。政府将加大包括交通、能源等传统基础设施及 5G、人工智能、物联网等新型基础设施补短板力度，基建投资增速有望回升；新动能促进制造业投资保持较快增长；房住不炒、因城施策的总基调不变，房地产投资增长逐步放缓。消费增速有所下滑。可支配收入增速放缓、居民杠杆率上升制约消费增长，但国家鼓励汽车消费及个税改革等"稳消费"政策有望带动教育、养老、旅游等升级类消费快速增长。出口增速明显下降。全球经济面临下行压力，中美经贸摩擦升级，对我国出口的影响将在 2019 年凸显。综合以上影响因素，预计全年经济增速在 6.2% 左右。具体来看：

**基建是稳增长的重要工具，投资增速有所回升**。基建领域补短板力度加大，计划的 PPP 项目额度再度上升，地方政府专项债发行量增加，将支撑基建投资增速加快回升。货币政策边际宽松、减税降费力度加大将对实体经济产生一定支撑作用，制造业投资保持平稳。房住不炒、因城施策的总基调不变，棚改货币化率降低，房屋销售下滑，房地产投资将逐步放缓。综合以上因素，**预计 2019 年固定资产投资增长 6.1% 左右，增速较 2018 年上升 0.2 个百分点。**

**消费能力不足和消费意愿弱化制约消费增长**。消费增长主要受以下因素影响：居民杠杆率上升，对居民消费的挤出效应持续存在；宏观经济下行压力加大背景下，居民收入增长预期下调，倾向于增加储蓄减少消费；我国个税纳税人口比例较低（仅占劳动人口的 15%），个税抵减政策只对中等收入群体消费拉动较大，整体效果有限。综合来看，**预计 2019 年消费增长 8.2% 左右，增速较 2018 年下降 0.8 个百分点**。

**全球经济增速趋缓，外需对出口的拉动作用减弱**。全球经济增长动能削弱，不确定性、不稳定性因素增多，下行风险加大。美国财政刺激作用边际递减，贸易保护和加息政策叠加将对经济产生负向影响，经济增长将进入拐点。欧洲政治经济面临多重挑战，包括英国脱欧、意大利与欧盟的预算僵局等，欧央行退出量化宽松政策，未来内需的拉动作用减弱。部分外债高、偿付能力弱的新兴市场面临货币贬值、资本外流的风险。中美经贸摩擦影响面将逐步扩大。贸易战的长期性，将加快美国在华相关企业向外转移；短期谈判悬而未决妨碍企业扩大生产。综合来看，**预计 2019 年我国出口增长 3.0%，增速较 2018 年下降 4.1 个百分点**。

根据对国际国内经济形势的分析，设计高方案、中方案、低方案情景进行模拟。根据不同情景设计，以及对宏观外部环境、中美经贸摩擦走势、国内宏观政策、产业发展态势的综合分析，应用电力供需实验室宏观经济月度模型，对 2019 年我国经济和分部门增长情况进行预测，见表 2-1。

表 2-1　　　　　　　　　　2019 年我国经济增长预测　　　　　　　　　　　%

| 指标 | 2018 年 | 2019 年 | | |
| --- | --- | --- | --- | --- |
| | | 低方案情景 | 中方案情景 | 高方案情景 |
| GDP | 6.6 | 6.0 | 6.2 | 6.4 |
| 第一产业 | 3.5 | 2.8 | 3.0 | 3.3 |
| 第二产业 | 5.8 | 5.4 | 5.6 | 5.8 |
| 第三产业 | 7.6 | 7.0 | 7.2 | 7.4 |

| 指标 | 2018 年 | 2019 年 | | |
|---|---|---|---|---|
| | | 低方案情景 | 中方案情景 | 高方案情景 |
| 规模以上工业增加值 | 6.2 | 5.8 | 6.0 | 6.2 |
| 固定资产投资 | 5.9 | 5.8 | 6.1 | 6.5 |
| 社会消费品零售额 | 9.0 | 7.8 | 8.2 | 8.6 |
| 出口 | 7.1 | 0.0 | 3.0 | 5.0 |
| 进口 | 12.9 | 0.0 | 2.0 | 4.0 |
| 居民消费价格指数 | 2.1 | 1.9 | 2.2 | 2.5 |
| 工业品出厂价格指数 | 3.5 | 0.0 | 1.0 | 2.0 |

**（1）中方案情景，国际经济形势总体平稳，但依然存在较大不确定性，中美经贸摩擦维持现状，我国出口增速有所回落，维持现有逆周期调控力度，投资增速企稳回升，消费增速小幅下滑。** 主要表现在以下几个方面：一是全球经济增速有所放缓，预计全球经济增速约为 3.3%，中美经贸摩擦维持现状，即美国对中国 2500 亿美元商品加征 25% 的关税，预计 2019 年出口增长 3.0%，同比下降 4.1 个百分点。二是基建投资增速企稳回升；制造业投资保持平稳，高技术领域投资增长较快；房地产调控政策保持连续性和稳定性，房地产投资稳中趋缓；预计投资增速为 6.1% 左右，增速同比上升 0.2 个百分点。三是个税改革和消费促进政策等红利有望在 2019 年持续释放，房价高企造成居民杠杆率处于较高水平，对消费产生持续挤出效应，消费增速小幅下滑，预计消费增长 8.2% 左右。全年经济增长 6.2% 左右，其中三次产业增速分别为 3.0%、5.6% 和 7.2%。

**（2）高方案情景，国际经济形势总体平稳，中美经贸摩擦维持现状，我国出口增速小幅下降，逆周期调控力度加大，受市场需求和政策红利的双支撑，投资增速加快回升，消费增速小幅下滑。** 主要表现在以下几个方面：一是美国和欧盟复苏强劲，带动全球经济和贸易增长，预计 2019 年全球经济增速达到 3.5% 左右；中美经贸摩擦维持现状，我国出口产品结构不断优化，国际竞争力不断增强，预计 2019 年出口增长 5.0% 左右。二是逆周期调控力度加大，受政策拉动作用明显，基建投资增速触底反弹，恢复较快增长；工业效益出现实质性转好，制造业投资增长持续回升；房地产去库存效果显现，房地产调控政策存在结构化放松，房地产投资增速保持平稳；预计投资增速约为 6.5%。三是房地产行业平稳增长带动下游建材装潢、家具、家电类产品消费增速回升，税改等刺激政策效应明显，预计消费增长 8.6% 左右。全国经济增长 6.4% 左右，其中三次产业增速分别为 3.3%、5.8% 和 7.4%。

**（3）低方案情景，去全球化、国际贸易和投资保护主义已成为全球经济的下行风险，中美经贸摩擦再次升级，出口增速大幅放缓，国内投资和消费增速继续放缓**。主要表现在以下几个方面：一是受美欧缩表加息政策影响，多数发展中国家经济受到冲击，预计 2019 年全球经济增速为 3.0% 左右；中美经贸摩擦再次升级，即下半年美国对我国剩余 3250 亿美元商品也加征 25% 关税，我国出口增速放缓，约为 0.0%。二是受美联储缩表加息影响，美元走强，大宗商品价格走弱，由价格因素推动的工业企业利润和投资回升将无法延续，制造业投资增速稳中趋缓；逆周期调控力度加大，基础设施投资增速企稳回升；预计投资增速为 5.8% 左右。三是消费能力被严重透支，税改等刺激政策效应不明显，预计消费增速放缓至 7.8% 左右。全年经济增长降至 6.0%，其中三次产业增速分别为 2.8%、5.4% 和 7.0%。

**区域方面，东部地区增长放缓，华北地区经济下行压力依然较为明显，部分中西部地区受承接产业转移影响，经济保持较快增长，东北地区经济有所恢复。**具体而言，以上海、广东、浙江为代表的东部沿海地区由于对外依存度较高，受中美经贸摩擦影响较大，出口增速下滑对经济增长的负面影响显著，预计东部地区经济增长放缓；以青海、新疆为代表的"资源型"地区，第二产业占经济比重较大，工业发展仍处于规模效应递增阶段，受市场需求不振影响，经济增速较前几年有所回落；以山西、河北为代表的"环境约束型"地区，因煤炭、钢铁等产能过剩产业比重较高、产业结构单一，"去产能"政策不断收紧对地区经济产生了较为明显的约束作用，产业转型仍处于阵痛期，预计经济下行压力仍将加大；

自 2010 年国务院印发《关于中西部地区承接产业转移的指导意见》以来，相继成立了 8 个承接产业转移示范区❶，主要分布在华北、华中、西南地区。这些地区积极主动地承接产业转移，经过多年发展，取得了明显成效，在此拉动下，部分中西部省份（如安徽、湖北、重庆等）经济保持较快增长；东北地区通过全面开放战略和改善营商环境等举措，民间投资有所增长，东北经济呈现稳中向好的态势，但仍属于恢复性向好，经济增长与全国平均水平仍存在一定差距。根据上述预测的中方案情景，给出各省的经济预测值，见表 2-2。

表 2-2　　　　　　2019 年各省 GDP 增速预测（中方案情景）　　　　　　%

| 省份 | 2018 年 | 2019 年 | 省份 | 2018 年 | 2019 年 |
|------|---------|---------|------|---------|---------|
| 北京 | 6.6 | 6.3 | 河南 | 7.6 | 7.7 |
| 天津 | 3.6 | 4.0 | 湖北 | 7.8 | 8.0 |
| 河北 | 6.6 | 6.4 | 湖南 | 7.8 | 7.6 |
| 山西 | 6.7 | 6.4 | 广东 | 6.8 | 6.5 |
| 内蒙古 | 5.3 | 5.0 | 广西 | 6.8 | 6.4 |
| 辽宁 | 5.7 | 5.9 | 海南 | 5.8 | 5.4 |
| 吉林 | 4.5 | 2.4 | 重庆 | 6.0 | 6.0 |
| 黑龙江 | 4.7 | 5.0 | 四川 | 8.0 | 7.8 |
| 上海 | 6.6 | 6.0 | 贵州 | 9.1 | 9.2 |
| 江苏 | 6.7 | 6.4 | 云南 | 8.9 | 9.5 |
| 浙江 | 7.1 | 6.8 | 西藏 | 9.1 | 9.0 |
| 安徽 | 8.0 | 8.0 | 陕西 | 8.3 | 6.3 |
| 福建 | 8.3 | 8.0 | 甘肃 | 6.3 | 7.5 |
| 江西 | 8.7 | 8.5 | 青海 | 7.2 | 5.5 |
| 山东 | 6.4 | 5.5 | 宁夏 | 7.0 | 7.2 |
| | | | 新疆 | 6.1 | 5.5 |

---

❶　8 个承接产业转移示范区分别是晋陕豫黄河金三角承接产业转移示范区、内蒙古赤峰承接产业转移示范区、皖江城市带承接产业转移示范区、湘南承接产业转移示范区、湖北荆州承接产业转移示范区、江西赣南承接产业转移示范区、重庆沿江承接产业转移示范区、广西桂东承接产业转移示范区。

## 2.2 业扩报装

**2018 年以来，国家电网公司经营区业扩报装净增容量整体保持较快增长态势**。2018 年，业扩报装净增容量增速起步较高，随后整体呈先降后升态势，截至 9 月，业扩净增容量增速触底，业扩净增容量、大工业业扩净增容量增速分别为 7.8％、13.4％，此后增速逐步回升，全年业扩净增容量、大工业业扩净增容量累计增速分别为 13.6％、24.5％，同比分别上升 8.0、6.4 个百分点。2019 年 1—4 月，业扩净增容量整体保持快速增长，累计增速为 19.8％，较上年同期上升 2.8 个百分点。其中，大工业业扩报装净增容量保持 35.7％的高速增长，较上年同期大幅提升 14.3 个百分点。业扩净增容量和大工业业扩净增容量的良好发展势头在一定程度上体现了电力需求增长的巨大潜力和充足动力。2018 年以来国家电网公司经营区业扩报装容量增长情况如图 2 - 6 所示。

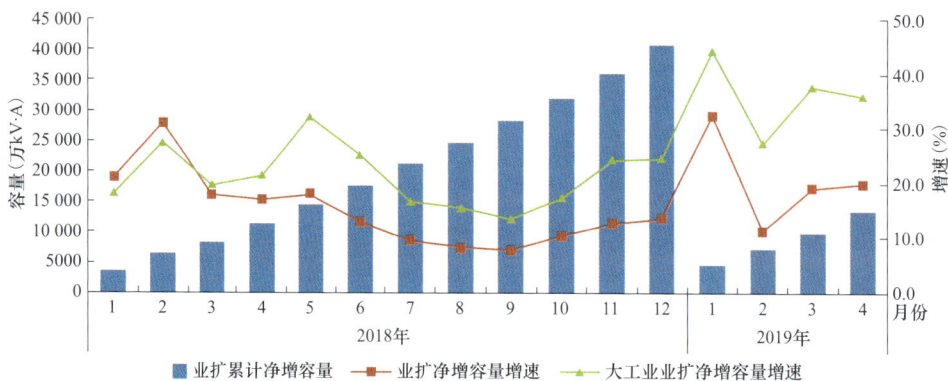

图 2 - 6　2018 年以来国家电网公司经营区总体及大工业业扩报装容量增长情况

具体来看：

**完成业扩报装新装、增容容量快速增长**。2019 年 1—4 月，国家电网公司经营区累计申请新装、增容容量 2.3 亿 kV·A，同比增长 8.4％。其中居民生活用电、大工业、非/普工业用电分别增长 20.3%、8.7%、6.7%；商业、非居民照明用电、趸售、农业生产用电分别下降 2.8%、3.9%、5.1%、6.7%。累计完成新装、增容 849 万户，新增容量 1.7 亿 kV·A，同比增长 12.9%。其中，大工业、趸售、居民生活用电、非/普工业用电、非居民照明用电新增容量同比均增长，增速分别为 29.3%、18.7%、14.3%、4.4%、3.0%；商业、农业生产用电新增容量同比分别下降 1.0%、13.4%。2019 年 1—4 月国家电网公司经营区各用电类别完成新装、增容情况见图 2-7 和表 2-3。

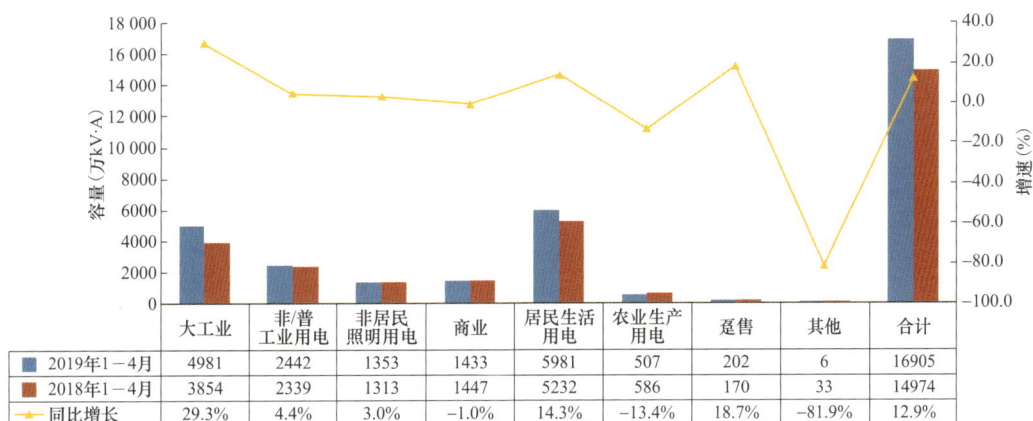

| | 大工业 | 非/普工业用电 | 非居民照明用电 | 商业 | 居民生活用电 | 农业生产用电 | 趸售 | 其他 | 合计 |
|---|---|---|---|---|---|---|---|---|---|
| 2019年1—4月 | 4981 | 2442 | 1353 | 1433 | 5981 | 507 | 202 | 6 | 16905 |
| 2018年1—4月 | 3854 | 2339 | 1313 | 1447 | 5232 | 586 | 170 | 33 | 14974 |
| 同比增长 | 29.3% | 4.4% | 3.0% | −1.0% | 14.3% | −13.4% | 18.7% | −81.9% | 12.9% |

图 2-7　2019 年 1—4 月国家电网公司经营区各用电类别完成新装、增容情况

**完成减容、销户容量较快下降。** 2019 年 1—4 月，国家电网公司经营区累计申请减容、销户容量 4027 万 kV·A，同比下降 9.5%。其中趸售、非居民照明用电、居民生活用电、农业生产用电减容、销户容量分别下降 77.7%、20.5%、12.6%、8.2%；商业、大工业、非/普工业用电减容、销户容量分别增长 36.5%、8.6%、0.7%。累计完成永久性减容、销户 119 万户，减少容量 3408 万 kV·A，同比下降 8.0%。其中，趸售、非居民照明用电、居民生活用电、农业生产用电、非/普工业用电完成减容、销户容量均下降，同比分别下降 73.7%、20.1%、14.1%、6.5%、1.5%；商业、大工业完成减容、销户容量同比分别增长 43.8%、7.4%。2019 年 1—4 月国家电网公司经营区各用电类别完成减容、销户情况见图 2-8 和表 2-3。

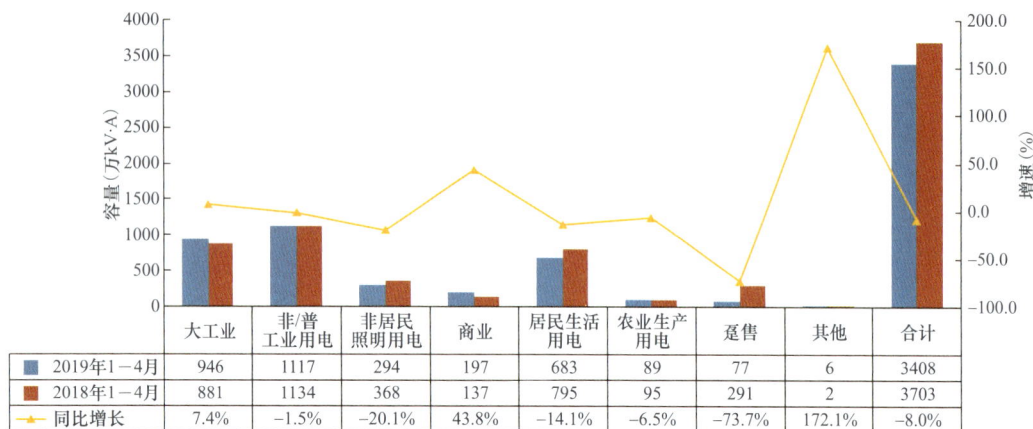

图 2-8 2019 年 1—4 月国家电网公司经营区各用电类别完成减容、销户容量情况

表 2-3　　2019 年 1—4 月国家电网公司经营区累计完成新装、

增容及累计完成减容、销户情况统计

| 分类 | 累计完成新装、增容 | | | | 累计完成减容、销户 | | | |
|---|---|---|---|---|---|---|---|---|
| | 户数（万户） | 同比（%） | 容量（万 kV·A） | 同比（%） | 户数（万户） | 同比（%） | 容量（万 kV·A） | 同比（%） |
| 大工业 | 2.0 | 2.0 | 4981.2 | 29.3 | 0.53 | 15.0 | 945.5 | 7.4 |
| 非/普工业用电 | 27.9 | 11.3 | 2442.3 | 4.4 | 11.97 | -0.5 | 1116.6 | -1.5 |
| 非居民照明用电 | 31.4 | 11.8 | 1352.5 | 3.0 | 6.53 | 6.8 | 293.6 | -20.1 |
| 商业 | 39.3 | 9.4 | 1432.6 | -1.0 | 7.38 | -9.7 | 197.2 | 43.8 |
| 居民生活用电 | 718.3 | 14.0 | 5981.2 | 14.3 | 87.05 | -19.0 | 683.3 | -14.1 |
| 农业生产用电 | 30.4 | -29.5 | 507.5 | -13.4 | 5.37 | -49.8 | 89.0 | -6.5 |
| 趸售 | 0.0 | -9.9 | 202.2 | 18.7 | 0.01 | -34.0 | 76.6 | -73.7 |
| 其他 | 0.0 | 44.9 | 6.0 | -81.9 | 0.00 | -84.5 | 5.6 | 172.1 |
| 合计 | 849.4 | 11.1 | 16905.5 | 12.9 | 118.83 | -18.0 | 3407.5 | -8.0 |

**业扩净增容量大幅上升**。2019 年 1—4 月，国家电网公司经营区累计业扩净增容量 13 498 万 kV·A，同比增长 19.8%。大工业、居民生活用电、非居民照明用电、非/普工业用电业扩净增容量同比均快速增长，增速分别为 35.7%、19.4%、12.0%、9.9%；商业、农业生产用电、趸售业扩净增容量同比分别下

降 5.7%、14.7%、204.2%，具体见表 2 - 4。

表 2 - 4　2019 年 1—4 月国家电网公司经营区累计业扩净增容量情况统计

| 分类 | 2019 年 1—4 月<br>（万 kV·A） | 2018 年 1—4 月<br>（万 kV·A） | 同比增速<br>（%） |
|---|---|---|---|
| 大工业 | 4035.7 | 2973.2 | 35.7 |
| 非/普工业用电 | 1325.7 | 1205.8 | 9.9 |
| 非居民照明用电 | 1058.9 | 945.4 | 12.0 |
| 商业 | 1235.4 | 1310.0 | − 5.7 |
| 居民生活用电 | 5298.0 | 4436.4 | 19.4 |
| 农业生产用电 | 418.4 | 490.6 | − 14.7 |
| 趸售 | 125.6 | − 120.6 | − 204.2 |
| 其他 | 0.3 | 30.9 | − 99.0 |
| 合计 | 13 497.9 | 11 271.6 | 19.8 |

# 2.3　重点行业发展

作为重要的周期性行业，黑色金属、有色金属、化工和建材行业的波动深受宏观经济周期的影响。从国际环境看，主要经济体经济增长前景均不明朗，全球经济进入下行阶段，贸易保护主义仍然没有显著缓和；从国内环境看，宏观经济也面临下行压力，逆周期调控政策的实施效果存在滞后效应，总体将呈现前低后稳的态势。因此，2019 年，重点高耗能和其他制造业产品产量将稳中有降。

## 2.3.1　黑色金属行业

2018 年，黑色金属行业运行良好，市场环境明显改善，优势产能充分发挥，企业效益明显改善，全年实现利润 4704 亿元，比 2017 年增长 39.3%。2019 年，黑色金属行业预计将呈现以下特点：

（1）**行业形势有下行风险**。2019 年钢铁行业供大于求的局面或将重新暴露出来，产销平衡的局面或被打破。一是粗钢产量仍将保持高位；二是需求可能有所减少；三是出口受阻的局面难以得到根本改变，国际经济形势不乐观，虽然我国直接出口美国的钢材量不多，但间接出口，如家电、机电等用钢行业受影响大。**受内需、外需的影响，钢材价格上下波动的幅度将大于 2018 年。**

（2）**主攻方向从去产能转向存量提质增效**。2018 年钢铁行业稳中向好主要得益于国家大力推进供给侧结构性改革。产能严重过剩是影响钢铁业健康发展的最突出矛盾。尽管钢铁去产能成绩巨大，行业效益回升，但钢铁行业推进供给侧结构性改革依然任重道远。目前，钢铁行业产能结构仍然存在问题，受利益驱动违规新增产能的冲动仍然存在，"地条钢"死灰复燃的苗头仍然需要警惕，合规企业产能释放过快的压力依然存在。与此同时，环保短板、布局不合理、创新能力不强等问题依然困扰着行业发展。**2019 年钢铁行业供给侧结构性改革的工作重点从化解过剩产能转向防范已化解产能复产，严防"地条钢"死灰复燃，严禁新增产能等方面；主攻方向从产能总量调整转向现有产能结构优化、布局调整和兼并重组。**

（3）**电炉钢发展或将迎来阵痛期**。一方面，宏观政策层面鼓励电炉钢产能的提升。钢铁行业产能置换实施办法、2019 年钢铁行业工作要点等政策建议皆在引导短流程炼钢的发展，鼓励高炉-转炉长流程企业转型为电炉短流程企业，促进钢铁产业工艺结构优化。另一方面，我国钢铁行业供大于求的局面没有得到根本改善，随着需求端增速放缓，供需不平衡的局面将持续恶化，钢价波动将会加大，而电炉钢在成本上不具备优势，电炉钢企业经营形势不容乐观。

综合判断，预计 2019 年粗钢生产约 9.5 亿 t，比上年增长 3.0%。预计 2019 年粗钢电耗与上年持平。根据产量及电耗变化情况，**预计 2019 年黑色金属行业用电 5568 亿～5677 亿 kW·h，比上年增长 2.0%～4.0%**。2011－2019 年粗钢产量及增速见表 2－5。

表 2 - 5                2011－2019 年粗钢产量及增速

| 年份 | 全年 | | | |
| --- | --- | --- | --- | --- |
| | 产量<br>(万 t) | 增速<br>(%) | 电耗<br>(kW·h/t) | 电耗增速<br>(%) |
| 2011 | 68 327 | 8.9 | 775 | 4.9 |
| 2012 | 71 654 | 3.1 | 706 | − 8.9 |
| 2013 | 77 904 | 7.5 | 676 | − 4.3 |
| 2014 | 82 270 | 1.2 | 678 | 0.3 |
| 2015 | 80 400 | − 2.3 | 629 | − 7.2 |
| 2016 | 80 837 | 1.2 | 604 | − 4.0 |
| 2017 | 83 173 | 5.7 | 597 | − 1.2 |
| 2018 | 92 826 | 6.6 | 584 | − 2.1 |
| 2019 | 95 000 | 3.0 | 568 | − 2.8 |

注 1. 2019 年全年产量、增速均为预测数据，下同。
    2. 单位产品电耗＝粗钢制造用电量/粗钢产量，数据分别来自于中电联统计月报和国家统计局、Wind 数据库。

## 2.3.2  有色金属行业

2018 年，有色金属行业运行总体平稳，但受国际贸易形势复杂、成本上涨、消费不振等不利因素影响，行业整体效益下滑。2019 年，国内外环境日趋复杂，贸易摩擦深层次影响即将显现，下游消费形势不容乐观，有色金属行业下行压力依然较大。

**(1) 供需双侧增速均将继续趋缓**。从供应侧看，2018 年有色金属行业持续推进供给侧结构改革，严控电解铝新增产能，推进电解铝产能置换，电解铝产业结构不断优化，2019 年将继续严控电解铝新增产能，合规产能增幅有限；同时受原材料成本上涨和环保投入不断增加等影响，行业主要产品综合成本将继续提升，供应端难以明显增长。从需求侧看，下游消费形势不容乐观，房地产、电力、汽车、家电等传统消费领域持续走弱，量大面广、带动性强的新兴

51

应用领域有待拓展，但考虑新一轮"促增长、稳增长"政策将逐步见效，预计 2019 年消费形势较 2018 年略有改善。

**(2) 国际贸易环境不容乐观。** 2019 年，国际贸易形势依旧复杂，全球经济走势不确定性因素增多，中美经贸摩擦形势仍未完全明朗。而有色金属的金融属性很强，贸易摩擦对行业的间接影响甚至大于直接影响，有色金属市场波动将加大，主要产品出口面临形势较为严峻。

总体判断，预计 2019 年有色金属行业发展较上年略有好转，预计全年电解铝产量达到 3845 万 t，比上年增长 7.0%，单位电耗下降 4.1%。2019 年全年电解铝行业用电 4885 亿 kW·h，比上年增长 3.0%。根据电解铝用电量占有色金属行业用电量的比重，**预计 2019 年有色金属行业用电 6425 亿~6551 亿 kW·h，增长 1.5%~3.5%。** 2010—2019 年电解铝产量及增速见表 2-6。

表 2-6　　　　　　　　2010—2019 年电解铝产量及增速

| 年份 | 一季度 | | 全年 | | | |
| --- | --- | --- | --- | --- | --- | --- |
| | 产量 (万 t) | 增速 (%) | 产量 (万 t) | 增速 (%) | 电耗 (kW·h/t) | 电耗增速 (%) |
| 2010 | 405 | 52.8 | 1565 | 21.8 | 13 032 | 5.2 |
| 2011 | 404 | − 0.4 | 1756 | 11.2 | 13 417 | 3.0 |
| 2012 | 459 | 12.1 | 1988 | 13.2 | 13 264 | − 1.1 |
| 2013 | 522 | 9.7 | 2205 | 9.7 | 12 994 | − 2.0 |
| 2014 | 580 | 9.9 | 2438 | 7.7 | 12 323 | − 5.2 |
| 2015 | 751 | 7.5 | 3141 | 8.4 | 12 082 | − 2.0 |
| 2016 | 734 | − 2.0 | 3187 | 1.3 | 12 325 | 2.0 |
| 2017 | 820 | 10.9 | 3227 | 1.6 | 13 104 | 6.3 |
| 2018 | 812 | 0.3 | 3580 | 7.5 | 13 247 | 1.1 |
| 2019 | 857 | 3.9 | 3845 | 7.0 | 12 703 | − 4.1 |

**注**　单位产品电耗＝电解铝制造用电量/电解铝产量，数据分别来自于中电联统计月报和国家统计局、Wind 数据库。

### 2.3.3　化工行业

2019 年，全球经济放缓将影响化工行业整体需求。短期看，产品价格受宏观经济、原油价格波动、出口波动影响趋于回落；叠加化工行业已进入扩产周期，行业处在景气下行周期，但高低端产品发展将高度分化。

**(1) 化工行业处在景气下行周期**。石油和化工作为经济的重要支柱产业，与宏观经济有着 80％～90％的正相关性。2019 年，受世界经济增速放缓和国内宏观经济下行压力影响，化工行业在经历自 2016 年底启动的持续近两年的行业复苏周期后，景气度将有所下滑，面临二次探底的重要转折。但是，在中央逆周期调控力度不断增加背景下，化工行业不改中长期 L 型走势的大势。

**(2) 行业发展表现为高度分化**。基础原材料产品价格下跌，而高端化学品价格可以长期享受技术和市场溢价。在中美经贸摩擦背景下，信息和通信技术、航天航空、人工智能、医药、高端装备等高科技产业必然会加快自主化进程，为配套的高端专用化学品产业发展提供了契机。2019 年，电子化学品、高强化学纤维材料、高端医药中间体等众多国内市场有缺口，且长期依赖进口的高端化学品的自主攻关和进口替代力度将进一步加大。

**(3) 化肥需求或继续下降**。一是种植面积减少。国家统计局数据显示，2018 年全国粮食播种面积 17.56 亿亩，比 2017 年减少 1428 万亩，下降 0.8％。谷物总体播种面积 14.95 亿亩，比上年减少 1619 万亩，下降 1.1％。随着藏粮于地、耕地轮作休耕等政策的实施，2019 年农田种植面积预计将继续减少。二是测土配方施肥、化肥零增长、有机肥替代等项目和行动的实施，都将导致化肥使用量减少。

2019 年，基础化学原料市场需求总体仍将保持缓慢增长，预计烧碱、电石的产量为 3626 万、2698 万 t，比上年分别增长 5.5％、6.0％。化肥市场相对疲软，预计产量约为 5433 万 t，比上年减少 0.5％。

随着去产能深入推进、严格环保治理持续，行业平均能耗总体呈下降趋势。预计 2019 年，烧碱产品电耗约为 1502kW·h/t，比上年增长 2.0%；电石产品电耗为 2748kW·h/t，比上年减少 1.0%；化肥产品电耗为 1337kW·h/t，比上年减少 2.0%。

根据产品电耗方法，基于 2019 年烧碱、电石和化肥的产品产量和产品电耗预测，预计这三类产品的用电量分别为 544.6 亿、741.4 亿、726.2 亿 kW·h，考虑三类产品在行业用电中的比重变化，**预计 2019 年化工行业用电 4783 亿～4877 亿 kW·h，比上年增长 2.5%～4.5%**。2012－2019 年烧碱、电石、化肥产量及增速分别见表 2-7～表 2-9。

表 2-7　　　　　　　　　　2012－2019 年烧碱产量及增速

| 年份 | 一季度 | | 全年 | | | |
|---|---|---|---|---|---|---|
| | 产量<br>（万 t） | 增速<br>（%） | 产量<br>（万 t） | 增速<br>（%） | 电耗<br>（kW·h/t） | 电耗增速<br>（%） |
| 2012 | 625 | 5.2 | 2699 | 3.8 | 1923 | 6.6 |
| 2013 | 670 | 3.8 | 2854 | 6.5 | 1910 | − 0.7 |
| 2014 | 780 | 12.0 | 3180 | 7.9 | 1716 | − 10.2 |
| 2015 | 756 | − 1.2 | 3028 | − 1.4 | 1633 | − 4.9 |
| 2016 | 780 | 3.0 | 3284 | 8.7 | 1334 | − 18.3 |
| 2017 | 873 | 8.4 | 3365 | 5.4 | 1403 | 5.1 |
| 2018 | 859 | 0.3 | 3420 | 0.9 | 1487 | 6.0 |
| 2019 | 910 | 3.5 | 3626 | 5.5 | 1502 | 2.0 |

注　单位产品电耗＝烧碱制造用电量/烧碱产量，数据分别来自于中电联统计月报和国家统计局、Wind 数据库。

表 2-8　　　　　　　　　　2012－2019 年电石产量及增速

| 年份 | 一季度 | | 全年 | | | |
|---|---|---|---|---|---|---|
| | 产量<br>（万 t） | 增速<br>（%） | 产量<br>（万 t） | 增速<br>（%） | 电耗<br>（kW·h/t） | 电耗增速<br>（%） |
| 2012 | 472 | 13.5 | 1869 | 9.3 | 3808 | 5.3 |
| 2013 | 526 | 11.1 | 2234 | 16.2 | 3584 | − 5.9 |
| 2014 | 560 | 3.3 | 2548 | 12.9 | 3295 | − 8.1 |

续表

| 年份 | 一季度 | | 全年 | | | |
|---|---|---|---|---|---|---|
| | 产量<br>(万 t) | 增速<br>(%) | 产量<br>(万 t) | 增速<br>(%) | 电耗<br>(kW·h/t) | 电耗增速<br>(%) |
| 2015 | 581 | 3.7 | 2483 | − 2.6 | 2968 | − 9.0 |
| 2016 | 620 | 6.2 | 2588 | 4.3 | 2626 | − 11.5 |
| 2017 | 654 | 5.5 | 2447 | − 1.7 | 2789 | 6.2 |
| 2018 | 621 | − 0.5 | 2545 | 4.0 | 2776 | − 0.5 |
| 2019 | — | — | 2698 | 6.0 | 2748 | − 1.0 |

注 单位产品电耗＝电石制造用电量/电石产量，数据分别来自于中电联统计月报和国家统计局、Wind 数据库。

表 2 - 9　　　　　　　　　　2012—2019 年化肥产量及增速

| 年份 | 一季度 | | 全年 | | | |
|---|---|---|---|---|---|---|
| | 产量<br>(万 t) | 增速<br>(%) | 产量<br>(万 t) | 增速<br>(%) | 电耗<br>(kW·h/t) | 电耗增速<br>(%) |
| 2012 | 1734 | 20.2 | 7432 | 23.3 | 1167 | − 13.7 |
| 2013 | 1950 | 12.4 | 7154 | − 3.8 | 1281 | 9.7 |
| 2014 | 1666 | − 14.5 | 6934 | − 3.1 | 1392 | 8.7 |
| 2015 | 1731 | 3.9 | 7627 | 7.3 | 1255 | − 9.8 |
| 2016 | 1878 | 7.1 | 7460 | − 2.2 | 1108 | − 11.7 |
| 2017 | 1682 | − 7.0 | 6065 | − 2.6 | 1173 | 0.0 |
| 2018 | 1307 | − 11.1 | 5460 | − 5.2 | 1364 | 15.9 |
| 2019 | 1331 | 2.4 | 5433 | − 0.5 | 1337 | − 2.0 |

注 单位产品电耗＝化肥制造用电量/化肥产量，数据分别来自于中电联统计月报和国家统计局、Wind 数据库。

## 2.3.4 建材行业

2018 年以来，建材行业经济运行总体保持平稳，表现为稳中有变的运行特征。一方面，是由于近年来建材行业以推动供给侧结构性改革为重点，在环保、质量、错峰生产等综合手段的共同作用下，致力于产业结构调整和控制产能释放，努力维护市场供需动态平衡的结果。另一方面，产能严重过剩还没有得到有效缓解，市场需求下滑、企业内生动力不足的问题仍然存在，行业下行压力不断积聚。

2019 年，建材行业存在的主要问题和挑战表现在以下几个方面：

**（1）行业运行存在下行风险**。从全年来看，水泥、平板玻璃产能过剩矛盾没有根本解决，相当部分过剩产能只是处于停产状态，随时有可能恢复生产冲击市场，供给侧结构性矛盾仍是主要矛盾。特别是水泥 2500t/d 及以下的熟料产能（占比达到 30％以上），能耗、排放水平明显落后于大型新型干法生产线，竞争乏力，如何进一步以市场化、法治化方式推动这部分产能加快退出是化解过剩产能的难点。

**（2）外部约束日益趋紧**。各地环保督查力度加大，建材企业为还"欠账"实现达标排放，必须增加投入进行节能减排等专项技术改造，也增大了企业的运营压力。但随着环保继续趋严，复产情况不达预期，价格仍有上涨空间。玻纤行业下游需求端支撑明显，供需关系整体持续平稳向好，产品价格上涨趋势不变，而行业本身准入壁垒较高使新兴企业进入市场困难重重，龙头企业盈利能力将进一步增强。

**（3）基建对水泥的需求逐渐放缓**。随着楼市调控政策逐步向三四线城市蔓延，房地产市场对水泥需求的贡献率略有下调。热点地区建设对水泥仍有拉动作用，如基础设施较薄弱地区，以及雄安所在的京津冀地区，未来对水泥的需求将有所增加。

当前基建增速仍处于历史上最低位置，但国家实施积极财政政策，加快推进基础设施建设项目，加大基础设施等领域补短板力度，在政策大力推进基建稳增长之下，2019 年基建投资增速有望逐步企稳回升，依然会对水泥的刚性需求带来较强的支撑。2019 年水泥需求仍处于平台期。鉴于房地产投资增速将面临下行，新投资基建项目需求又存在滞后，**预计 2019 年水泥产量下滑幅度在 2％左右**。

综合判断，尽管建材市场需求增长有限，但生产规模仍然维持较高水平。预计 2019 年建材行业运行总体保持稳中有进态势，行业增加值增速与上年基本持平，经济效益和产业结构继续改善。2010－2019 年水泥产量及增速见表 2 - 10。

表 2 - 10　　　　　　　　2010－2019 年水泥产量及增速

| 年份 | 一季度 | | 全年 | | | |
|---|---|---|---|---|---|---|
| | 产量（万 t） | 增速（%） | 产量（万 t） | 增速（%） | 电耗（kW·h/t） | 电耗增速（%） |
| 2010 | 33 400 | 20.7 | 186 796 | 15.5 | 64.9 | −1.6 |
| 2011 | 37 000 | 18.1 | 206 326 | 11 | 66.5 | 2.5 |
| 2012 | 39 810 | 7.3 | 218 408 | 7.4 | 66.8 | 0.4 |
| 2013 | 41 704 | 8.2 | 241 440 | 9.6 | 65.4 | −2.1 |
| 2014 | 44 728 | 4.0 | 247 619 | 1.8 | 63.5 | −2.0 |
| 2015 | 42 792 | −3.4 | 234 796 | −4.9 | 61.0 | −2.9 |
| 2016 | 44 373 | 3.5 | 239 500 | 2.0 | 60.0 | −1.8 |
| 2017 | 44 115 | −0.3 | 231 625 | −0.2 | 61.5 | 2.5 |
| 2018 | 37 642 | −4.5 | 221 000 | −5.3 | 61.3 | −0.3 |
| 2019 | 38 000 | 1.0 | 216 580 | −2.0 | 61.0 | −0.5 |

**注**　单位产品电耗＝水泥制造用电量/水泥产量，数据分别来自于中电联统计月报和国家统计局。

根据水泥产量与用电量的回归关系，预计 2019 年水泥用电量为 1560 亿 kW·h；根据水泥产量及单位产品电耗的变化情况，预计 2019 年水泥用电量为 1600 亿 kW·h。综合考虑水泥用电量占建材行业用电量的比重，**预计 2019 年建材行业用电 3633 亿～3703 亿 kW·h，比上年增长 3.9%～5.9%。**

# 2.4　气温与来水

**全国大部气温整体偏高**。据初步气象预测，2019 年夏季全国大部气温整体偏高。其中，华东气温总体偏高，大于 35℃ 的高温天数较常年偏多，2019 年汛期影响华东沿海热带风暴或台风的个数较常年略有偏多；华中气温总体正常或偏高，平均气温河南大部、江西南部较常年偏高 0.5～1℃，其他大部地区正常或略偏高，盛夏高温日数比常年偏多，可能出现阶段性高温热浪天气；东北整体气温较常年略高；西北东部气温较常年偏高，西部气温较常年略偏低；西南气温总体略偏高。

**全国来水南多北少**。据初步水文预测，2019 年汛期全国重点水电厂来水南多北少。其中，华东的钱塘江流域来水较常年偏多，上游新安江流域可能发生大型洪水，闽江流域来水总体较常年略偏多，长江中下游来水偏多，太湖流域可能遭遇异常洪涝灾害，沿淮及淮河来水较常年偏多；华中的江西北部、湖南东北部、湖北东南部降水偏多 2～5 成，河南西部和北部、江西南部降水正常或偏少；东北的第二松花江来水总体为偏枯～枯水年份，嫩江和牡丹江流域总体为枯水年份，鸭绿江流域总体偏枯；西北的黄河上游龙羊峡和刘家峡、汉江上游安康梯级水电站来水正常略偏多；西南的雅砻江来水持平或略偏丰，大渡河、岷江持平或略偏枯，嘉陵江偏枯，乌江、雅鲁藏布江略偏丰。

**气温来水因素对用电增长的拉动作用总体有限**。从气温看，2016－2018 年连续三年全国夏季气温整体偏高，降温用电持续快速增长；虽初判 2019 年夏季全国气温大概率整体偏高，但在较高基数上再次实现大幅增长的概率较小；若不出现大范围、长时间、高强度炎热天气，预计整体降温用电规模仅小幅增长。从降水看，北方降水偏少加重炎热感受，有助于拉动降温用电增长；南方若非连续多日阴雨，交错性降水导致的闷湿天气反而加重炎热感受，也从一定程度拉动降温用电增长。

# 2.5　环境保护政策措施

作为全面建成小康社会三大攻坚战之一，2019 年污染防治工作仍将持续发力。

**2019 年政府工作报告提出要持续推进污染防治**。2018 年，政府全面开展蓝天、碧水、净土保卫战；优化能源和运输结构；稳妥推进北方地区"煤改气"" 煤改电"；全面建立河长制、湖长制；加强生态环保督察执法；积极应对气候变化。2018 年，污染防治得到加强，细颗粒物（$PM_{2.5}$）浓度继续下降，生态文明建设成效显著。2019 年政府工作报告对环境保护工作提出要求：持续推进污染防治。巩固扩大蓝天保卫战成果，二氧化硫、氮氧化物排放量要下降 3%，重点地区细颗粒物（$PM_{2.5}$）浓度继续下降。持续开展京津冀及周边、长三角、汾渭平原大气污染治理攻坚，加强工业、燃煤、机动车三大污染源治理。做好北方地区清洁取暖工作。

**第二轮中央生态环境保护督查即将启动**。第一轮中央环保督察已于 2018 年底结束，通过三年督查和一年"回头看"，实现了对全国 31 省份全覆盖。2019 年，生态环境部将启动第二轮中央生态环境保护督查，同样是三年例行督察和一年"回头看"。针对第一轮督查中暴露出的"一刀切"等问题，本轮督查将坚决反对"一律关停""先停再说"等敷衍应对做法，坚决避免以生态环境为借口紧急停工停业停产等简单粗暴行为。

受以上因素影响，预计 2019 年环境保护力度仍将持续，对电力供应及消费将产生以下影响：一是从供应侧来讲，煤电机组改造提升步伐加快，电源装机进一步转向清洁，可再生能源消纳工作持续推进；二是从需求侧来讲，高耗能行业仍将面临较大环保压力，但受前期环保投入效果逐步显现，以及新一轮督查思路和督查方式调整影响，环保政策对其用电量冲击效应或将削弱。

# 2.6　电力体制改革

## 2.6.1　电价改革

2018 年政府工作报告中提出了"一般工商业电价平均降低 10%"的要求。为贯彻落实这一要求，国家发展改革委先后发布多个文件（见表 2 - 11），各省

（区、市）价格主管部门也相继出台了一系列配套方案。

表 2 - 11 　　　　　　**2018 年国家发展改革委降低电价主要政策**

| 时间 | 名称 | 主　要　内　容 |
|---|---|---|
| 2018 年 3 月 | 《关于降低一般工商业电价有关事项的通知》 | 全面落实已出台的电网清费政策，推进区域电网和跨省跨区专项工程输电价格改革，进一步规范和降低电网环节收费，临时性降低输配电价等 |
| 2018 年 5 月 | 《关于电力行业增值税税率调整相应降低一般工商业电价的通知》 | 省级电网企业含税输配电价水平和政府性基金及附加标准降低、期末留抵税额一次性退返等腾出的电价空间全部用于降低一般工商业电价 |
| 2018 年 7 月 | 《关于清理规范电网和转供电环节收费有关事项的通知》 | 取消电网企业部分垄断性服务收费项目，全面清理规范转供电环节不合理加价行为，加快落实已出台的电网清费政策 |
| 2018 年 7 月 | 《关于利用扩大跨省区电力交易规模等措施降低一般工商业电价有关事项的通知》 | 将扩大跨省区电力交易规模、国家重大水利工程建设基金征收标准降低 25%、督促自备电厂承担政策性交叉补贴等电价空间，全部用于降低一般工商业电价 |
| 2018 年 11 月 | 《关于切实做好清理规范转供电环节加价工作有关事项的通知》 | 就有关政策落实进一步做出规定 |

在各地价格主管部门和电力公司的积极配合下，2018 年一般工商业电价降低 10% 任务目标超额完成，全国平均降低 8 分钱以上。其中，国家电网公司经营区域内一般工商业电价从降价前的 0.8060 元/（kW·h）降至 0.7210 元/（kW·h），降幅 10.6%，为一般工商业用户年减负 792 亿元；加上大工业用户，2018 年国家电网公司经营区域内新降低各类客户用电成本总计 915 亿元。

为确保完成 2019 年政府工作报告中提出的"一般工商业平均电价再降低 10%"的任务，国家发展改革委于 2019 年 5 月印发《国家发展改革委关于降低一般工商业电价的通知》，明确了主要降价措施，要求各省（区、市）价格主管部门抓紧研究提出降价具体方案。预计 2019 年各地仍将有一系列降低电价相关的政策文件落地应用。相关措施在一定程度上降低了企业成本，改善了企业经营状况，激发了企业活力，尽管短期内对电量增长直接拉动作用有限，但长期来看，相关措施有利于企业生产恢复和经济平稳发展，对电量增长具有间接促进作用。

## 2.6.2　市场化交易

2018 年，全国电力市场交易电量（含发电权交易电量、不含抽水蓄能低谷抽水交易电量等特殊交易电量）合计为 20 654 亿 kW·h，比上年增长 26.5%，市场交易电量占全社会用电量的比重为 30.2%，较上年提高 4.3 个百分点，市场交易电量占电网企业销售电量的比重为 37.1%。其中，省内市场交易电量合计 16 885 亿 kW·h，占全国市场交易电量的 81.8%，省间（含跨区）市场交易电量合计 3471 亿 kW·h，占全国市场交易电量的 16.8%。

分季度看，2018 年四个季度市场交易电量分别为 3222 亿、4199 亿、6937 亿、6197 亿 kW·h，占全年全国市场交易电量的比重分别为 16%、20%、34%、30%。

2018 年，国家电网公司经营区域各电力交易中心市场化交易电量 16 187 亿 kW·h，比上年增长 32.5%；电力直接交易电量 12 257 亿 kW·h，比上年增长 37.1%，降低电力用户用电成本 373 亿元，平均降低电价 30.1 元/（MW·h），持续释放改革红利。

2018 年 7 月，国家发展改革委、国家能源局发布《关于积极推进电力市场化交易进一步完善交易机制的通知》，提出要提高市场化交易电量规模，全面放开部分重点行业电力用户发用电计划。2019 年政府工作报告也提出要"深化电力市场化改革""自然垄断行业要根据不同行业特点实行网运分开，将竞争性业务全面推向市场"。预计 2019 年电力市场化交易规模仍将高速增长，占全社会用电量的比重也将持续提升，从而有效降低用户用能成本，进一步优化营商环境，激发市场活力，对相关行业电力需求增长起到促进作用。

# 2.7 电能替代情况

2019 年中央经济工作会议提出，要打好污染防治攻坚战，要坚守阵地、巩固成果，聚焦做好打赢蓝天保卫战等工作。2019 年政府工作报告提出，要持续推进污染防治，巩固扩大蓝天保卫战成果，持续开展京津冀及周边、长三角、汾渭平原大气污染治理攻坚，加强工业、燃煤、机动车三大污染源治理；做好北方地区清洁取暖工作，确保群众温暖过冬。实施电能替代打好污染防治攻坚战的重要举措，对于推动能源消费革命、促进能源清洁化发展、推进污染防治意义重大。近年来，国家和地方政府陆续出台了一系列政策积极推进电能替代的有效实施。国家电网有限公司优化工作机制，积极争取政府政策支撑，全力推进电能替代工作，成效显著，**2018 年全年完成电能替代电量 1353 亿 kW·h**。

2019 年 1 月，为深入贯彻落实《中共中央、国务院关于实施乡村振兴战略的意见》和《国家乡村振兴战略规划（2018－2022 年）》，大力推动乡村电气化，促进乡村能源生产和消费升级，国家电网有限公司印发了《关于服务乡村振兴战略、大力推动乡村电气化的意见》。意见提出，从推动乡村全电景区建设、民宿电气化改造、特色产业电能应用等方面推动乡村产业电气化，从推动乡村电采暖、绿色出行、家庭电气化等方面推动农村生活电气化。到 2022 年，在农产品种植、加工、乡村旅游等方面建成一批电气化试点示范工程；推动打造 2 万个电气化示范大棚，共 1 万亩，打造 20 万亩全电气化虾稻共生养殖示范基地；助力海产品电加热育种示范基地试点建设，推动建设 100 座电孵化室；打造 10 万亩农田空气源热泵粮食电烘干示范基地，推动 300 家大型木材加工企业实施热泵烘干技术改造；推动建立 80 个全电化农业科技创新基地，打造 1000 个能源消费电气化示范村镇和全电景区。农村、农业各领域电气化水平大幅提升，农村地区电能占终端能源消费比例达到 38.5%，在现有基础上提高 2

个百分点。

根据《京津冀及周边地区、汾渭平原"煤改电"三年攻坚方案（2018－2020 年)》提出的目标，2019 年将推进重点区域 184 万户居民、8000 个村、700 个企事业单位实施电供暖改造，新增供暖面积 1.6 亿 $m^2$。预计 2019 年国家电网公司经营区域增加采暖电量约 160 亿 kW·h。

综合以上因素，**预计 2019 年全国完成电能替代电量 1630 亿 kW·h，其中国家电网公司经营区域完成 1450 亿 kW·h。**

# 2.8　发电能源供需走势

## 2.8.1　煤炭

**2018 年，煤炭市场供需总体平衡，部分地区高峰时段供应偏紧。** 煤炭需求方面，全年经济平稳增长，受度冬度夏期间极端天气、电能替代总量大增等因素影响，煤炭需求较快增长，全年商品煤消费比上年增长 3.4%；煤炭供应方面，受煤矿先进产能不断释放、煤炭进口量增加（创近四年新高）、铁路运力可靠保障等影响，煤炭供应增速远超预期，全年原煤产量比上年增长 5.2%。煤炭价格方面，全年价格较上年整体下降，同时呈现反季节波动特点，但整体仍在绿色区间上方高位波动运行。综合来看，2018 年煤炭市场供需总体平衡。

**煤炭供应略有回落。** 在生产方面，受陕西、内蒙古两省区发生矿山安全事故影响，安全检查力度加强，煤矿复产较慢，原煤产量略有下降；受进口煤政策限制，煤炭进口量增长不及预期，煤炭供应偏紧。在以上因素的综合影响下，2019 年一季度，全国原煤产量 8.1 亿 t，同比增长 0.4%。预计 2019 年，综合考虑煤炭优质产能持续释放、环保及安全检查力度加强、降煤耗等多种影响因素，预计全年煤炭产量同比略有增长，约为 37 亿 t。

**煤炭销量同比上升。** 2019 年一季度，全国煤炭销量 7.7 亿 t，同比减少

900 万 t，下降 1.2％，主要是由于产地资源供应紧张导致。全国经济保持平稳运行，主要耗煤行业中，火力发电量、粗钢产量、生铁产量、水泥产量均保持正增长，是拉动煤炭需求的主要动力。但环保压力、清洁取暖及"煤改电、煤改气"等对煤炭需求将产生一定影响，煤炭需求将略有增长，不排除出现极端天气影响煤炭需求的可能性。预计 2019 年全年煤炭累计销量约为 34.5 亿 t。

**煤炭进口量同比小幅下降**。2019 年一季度，全国煤炭进口量累计达7463 万 t，同比减少 1.8％。其中，1 月煤炭进口量为 3350 万 t，同比增长19.5％，创 2014 年 2 月以来进口量新高；2、3 月煤炭分别进口 1764 万、2448万 t，同比分别下降 17.0％、12.0％，主要受进口煤政策限制影响。随着国内优质煤炭产能的释放，以及进口煤严格限制政策力度不断加大，预计 2019 年全年煤炭进口量约为 2.6 亿 t。

**库存保障能力有望进一步提升**。受矿山事故造成煤炭生产减少影响，煤炭企业库存下降，截至 2019 年 3 月底，煤炭企业库存约为 5000 万 t，较年初减少500 万 t，下降 9.1％；全国主流港口库存为 5380 万 t，同比增长 728 万 t；全国重点电厂电煤库存 6933 万 t，同比增加 703 万 t。预计 2019 年，随着煤矿逐步恢复生产，煤炭优质产能继续释放，预计煤矿、港口和用户的煤炭库存整体较上年将进一步提升。

**煤炭价格整体稳中有降**。2019 年 3 月煤炭价格持续上升，主要是受煤炭矿山事故导致煤炭供应相对偏紧影响。截至 2019 年 3 月 29 日，中国沿海电煤（5500kcal）采购成交价为 625 元/t，较 2018 年底上升 7.2％。预计 2019 年，随着煤炭供应逐步恢复，预计全年煤炭供需形势整体宽松，煤炭中长期合同签订量不断增长，多种因素将促进煤炭价格整体回落，波动幅度也将进一步收窄。

## 2.8.2  天然气

**2018 年**，天然气供应能力持续增强，消费量保持强劲增长，天然气市场呈

**现供需两旺的平衡态势**。2018 年全国天然气进口量达 9039 万 t，比上年增长 31.9%，增速较上年上升 4.3 个百分点，我国成为全球第一大天然气进口国。全年天然气产量为 1610 亿 m³，比上年增长 7.5%，增速较上年下降 1.0 个百分点。受环保力度不断加强、"煤改气"政策快速推进等因素影响，天然气消费量实现两位数的高速增长，2018 年全国天然气表观消费量为 2803 亿 m³，比上年增长 18.1%，增速创 2012 年以来新高。价格方面，国家加快天然气供应保障体系建设，全年价格波动幅度显著收窄，2018 年底液化天然气（LNG）价格为 5150 元/t，比上年下降 29.0%，较年初下降 8.3%。

**天然气需求保持快速增长**。环保力度持续加强，城市管网基础设施不断完善助力城市燃气需求较快增长，建材、冶金、化工等主要用气行业持续推动产业转型升级，用气需求增长，发电用气需求稳定增长，多种利好因素拉动用气需求快速增长。2019 年一季度，天然气表观消费量为 770 亿 m³，同比增长 11.6%。预计 2019 年天然气消费量较上年增长 11% 左右，增速同比小幅回落。

**天然气进口量持续大幅增长**。环保压力不断增加、城市用气持续增长、主要用气行业转型升级等因素将拉动天然气消费量大幅增长，国内天然气生产能力仍相对不足，国内天然气供需保持紧平衡态势。为保证天然气有效供给，天然气进口量将保持快速增长。2019 年一季度，天然气进口量为 2431 万 t，同比增长 17.8%。预计 2019 年我国天然气进口量比上年增长 14% 左右，保持为世界第一大天然气进口国，对外依存度进一步提升。

**天然气产量保持较快增长**。利好政策频出，推动天然气供应保证能力持续增强；油气公司积极增加国内勘探开发投入，加大勘探开发力度，页岩气产量保持较快增长；输气管网架构持续完善，保障天然气高效输送。2019 年一季度，天然气产量为 440 亿 m³，同比增长 9.4%，比上年同期上升 6.1 个百分点。预计 2019 年天然气产量比上年增长 8.5% 左右。

# 3

## 2019 年电力需求预测

📡 **章节要点**

**电力需求增速回落，位于 5%～6% 区间概率最大**。预计 2019 年全国全社会用电量将达到 7.28 万亿～7.41 万亿 kW•h，比上年增长 5.0%～7.0%。中美经贸摩擦是影响电力需求增长最大的不确定因素，预计全社会用电量增速位于 5%～6% 区间概率最大。中方案情景，预计全年用电量达到 7.34 万亿 kW•h，比上年增长 6.0%。分季度看，四个季度全社会用电量同比分别增长 5.5%、4.7%、6.7% 和 6.9%。

**第一产业用电保持较快增长，第二产业用电增速放缓，第三产业和居民生活用电持续增长**。受乡村振兴战略加快推进、扶贫攻坚进入关键期，以及新一轮农网改造升级工程红利逐步显现等因素影响，第一产业用电预计增长 7.6%～9.6%；受国内外需求增长乏力拖累，制造业用电增速有所回落，第二产业用电预计增长 2.9%～4.9%；受人民生活水平不断提升、极端气温、应对雾霾及清洁采暖等因素影响，预计第三产业和居民生活用电增速为 10.5%～12.5% 和 9.3%～11.3%。

**各区域用电量保持平稳增长，增速出现不同程度回落**。中方案情景，预计 2019 年华北（含蒙西）、华东、华中、东北、西北、西南、南方电网区域用电量比上年分别增长 6.1%、5.4%、6.2%、4.7%、6.0%、8.0%、6.5%，各区域增速较 2018 年均有不同程度回落。

**最大负荷出现在夏季，增速高于用电量增速**。中方案情景，预计 2019 年全国调度最大负荷将达到 10.72 亿 kW，比上年增长 7.9%，全年调度最大负荷增速高于用电量增速约 1.9 个百分点。

# 3.1 全社会用电量[1]

## 3.1.1 部门分析法

2015 年以前，第一产业万元增加值电耗呈逐年下降趋势，从 2011 年的 195kW•h/万元（2015 年价格，下同）降至 2015 年的 171kW•h/万元。2016 年，受新一轮农网改造升级带动，第一产业万元增加值电耗比上年增长 1.7%，实现五年来的首次回升。2017 年，国家下达的农田机井通电任务提前半年完成，拉动农业用电持续增长，第一产业万元增加值电耗达到 180kW•h/万元，比上年增长 3.6%。2018 年，乡村振兴战略助力农业电气化水平继续提高，电能替代持续推进，第一产业万元增加值电耗增长 6.1%。2019 年是扶贫攻坚的关键之年，第一产业万元增加值电耗仍呈现快速增长态势，但考虑到上年基数较高，预计 2019 年增速为 4.0%，结合第 2 章对第一产业经济增长的判断，预测 2019 年第一产业用电量约为 784 亿 kW•h，比上年增长 7.6%。

2012—2017 年，第二产业万元增加值电耗逐年下降，分别为 1604、1591、1544、1469、1424、1415kW•h/万元，比上年分别下降 4.0%、0.9%、2.9%、4.9%、3.1%、0.6%，年均增速为－2.7%，主要是受高耗能行业用电增速明显下降、技术进步等因素影响。2018 年，受益于供给侧结构性改革及污染防治攻坚战的实质性进展等，高耗能行业得以恢复性增长，环保设备的广泛使用也使得第二产业万元增加值电耗进一步提高，达到 1434kW•h/万元，成为新常态以来的首次回升，增速为 1.4%。2019 年，受中美经贸摩擦影响，第二产业万元增加值增速预计较上年有所回落，高耗能行业恢复性增长和环保设备投运带

---

[1] 本报告预测部分，编写组对新疆生产建设兵团全口径用电量进行了估算，并考虑了魏桥创业集团调整的用电量，2018 年数据也进行了相同口径调整。

来的电耗增加趋势仍将持续，但增速将有所放缓，预计为 0.3%。结合第 2 章对第二产业经济增长的判断，预测 2019 年第二产业用电量约为 50 845 亿 kW·h，比上年增长 5.8%。

从第三产业来看，随着电气化水平不断提高，近年来第三产业用电电耗平稳上升。其中，2010－2012 年，第三产业的用电电耗年均上升 3.0% 左右；2013 年，受中央倡导厉行勤俭节约及"八项规定"等影响，第三产业万元增加值电耗增速有所放缓，为 1.8%；2014、2015 年，受凉夏等因素影响，第三产业万元增加值电耗出现负增长，为－1.4% 和－0.7%；2016、2017 年夏季气温分别创 1961 年来的最高和次高，第三产业万元增加值电耗分别上升 3.2%、2.5%，分别达到 214、219kW·h/万元；2018 年，受电能替代、年初极寒天气及夏季高温影响，第三产业万元增加值电耗上升 4.8%。2019 年，受中美经贸摩擦影响，第三产业万元增加值增速将进一步放缓，预计第三产业万元增加值电耗仍保持增长态势，但增速略有放缓，为 3.5%。结合第 2 章对第三产业经济增长的判断，预测 2019 年第三产业用电量为 12 029 亿 kW·h，比上年增长 11.4%。

2019 年，受益于居民电气化水平及收入水平的稳步提升，居民生活用电仍将保持快速增长态势，预计全年增速为 9.4%，达到 10 593 亿 kW·h。

综合三次产业和居民生活用电来看，预计 2019 年全社会用电量约为 74 251 亿 kW·h，比上年增长 7.2%。2019 年全社会用电量预测结果（部门分析法）见表 3－1。

表 3－1　　　　2019 年全社会用电量预测结果（部门分析法）

| 类别 | 2018 年 | 2019 年 | |
|---|---|---|---|
| | 增速（%） | 用电量（亿 kW·h） | 增速（%） |
| 全社会 | 8.3 | 74 251 | 7.2 |
| 第一产业 | 9.8 | 784 | 7.6 |
| 第二产业 | 7.0 | 50 845 | 5.8 |
| 第三产业 | 12.7 | 12 029 | 11.4 |
| 居民生活 | 10.4 | 10 593 | 9.4 |

## 3.1.2 重点行业比重法

根据第 2 章对 2019 年四大高耗能行业产品产量及用电量的预测，2019 年四大高耗能行业用电量合计达到 20 609 亿 kW•h，比上年增长 3.3% 左右，增速较上年下降 2.4 个百分点。由于上年高耗能用电基数较高、2019 年去产能力度仍然较大、建国 70 周年、四大行业生产运行的结构性矛盾依然突出、工业生产新动能快速增长等因素影响，预计 2019 年全年高耗能行业用电所占比重较上年有所下降。2019 年中美经贸摩擦升级给高耗能行业发展带来更多不确定性，但考虑到产业链传导存在滞后期、基建将成为托底经济增长的重要支撑、房地产市场保持较为平稳态势等因素，高耗能行业占全社会用电量比重的下降程度将与上年（0.7 个百分点）基本持平，分别按照下降 0.5、0.7、0.9 个百分点的变化幅度取值。预计 2019 年全国全社会用电量为 7.28 万亿～7.39 万亿 kW•h，比上年增长 5.1%～6.6%。具体预测结果见表 3-2。

表 3-2　　2019 年全社会用电量预测结果（重点行业比重法）

| 类别 | 2018 年 | | | 2019 年（预测） | | |
|---|---|---|---|---|---|---|
| | 用电量(kW•h) | 增速(%) | 比重(%) | 用电量(kW•h) | 增速(%) | 比重(%) |
| 全社会 | 69 286 | 8.3 | 100 | 72 837～73 882 | 5.1～6.6 | 100.0 |
| 四大高耗能合计 | 19 951 | 5.7 | 28.8 | 20 609 | 3.3 | — |
| 按比重测算 | | | | 72 837 | 5.1 | 28.3 |
| | | | | 73 356 | 5.9 | 28.1 |
| | | | | 73 882 | 6.6 | 27.9 |

## 3.1.3 月度用电量比重法

2019 年一季度，全国全社会用电量为 16 795 亿 kW•h，同比增长 5.5%，增速比上年同期下降 4.3 个百分点。三次产业和居民生活用电增速均明显下滑。

70

其中，第一产业用电量为 160 亿 kW·h，同比增长 6.8%，增速比上年同期下降 3.5 个百分点，对全社会用电量增长的贡献率为 1.2%；第二产业用电量为 10 945 亿 kW·h，同比增长 3.0%，增速较上年同期下降 3.7 个百分点，占全社会用电量的比重为 65.2%，对全社会用电量增长的贡献率为 36.4%；第三产业用电量为 2859 亿 kW·h，同比增长 10.1%，增速比上年同期下降 6.6 个百分点，占全社会用电量的比重为 17.0%，对全社会用电量增长的贡献率为 30.2%；城乡居民生活用电量为 2830 亿 kW·h，同比增长 11.0%，增速比上年同期下降 6.2 个百分点，占全社会用电量的比重为 16.9%，对全社会用电量增长的贡献率为 32.2%。

2014—2018 年，一季度用电量占全年用电量的比重分别为 23.2%、23.2%、22.8%、22.9%、22.9%。2019 年 5 月 10 日起美国上调对中国商品加征关税税率，将对下半年我国用电增长带来新的下行压力。但考虑到夏季气温仍较常年偏高、下半年逆周期调控力度可能加大等因素影响，假设 2019 年一季度用电量占全年用电量的比重较 2014—2018 年同期用电量占比的平均值略偏低，取 22.8%，高、低方案分别较中方案低 0.3 个百分点、高 0.3 个百分点，即依次为 22.5%、22.8% 和 23.1%，以此推算 2019 年全年用电量为 7.27 万亿～7.46 万亿 kW·h，比上年增长 4.9%～7.7%。具体预测结果见表 3 - 3。

表 3 - 3　　　　2019 年全社会用电量预测结果（月度用电量比重法）

| 2014—2018 年一季度用电比重（%） | | | | | 2019 年用电量预测 | | |
|---|---|---|---|---|---|---|---|
| 2014 年 | 2015 年 | 2016 年 | 2017 年 | 2018 年 | 一季度用电比重（%） | 全年用电量（亿 kW·h） | 增速（%） |
| | | | | | 23.1 | 72 706 | 4.9 |
| 23.2 | 23.2 | 22.8 | 22.9 | 22.9 | 22.8 | 73 662 | 6.3 |
| | | | | | 22.5 | 74 644 | 7.7 |

## 3.1.4　组合预测

2019 年一季度我国经济实现平稳开局后，后三个季度的经济走势仍存在较大的下行压力，中美经贸摩擦是影响我国经济运行和电力需求增长的最大不确定因素。一方面，5 月 10 日美国将 2000 亿美元中国出口美国商品关税税率由 10％上调至 25％，后续存在对关税清单中剩余 3250 亿美元中国商品加征关税的可能。短期来看，加征关税涉及行业可能存在"抢出口"效应，短暂拉动相关行业用电增长；长期来看，中美经贸摩擦升级将对关税清单涉及行业出口产生抑制作用，并进而影响生产和消费等环节，给用电增长带来不利影响。另一方面，我国宏观调控政策也会适时调整以对冲中美经贸摩擦对我国经济的影响，对冲政策包括定向和全面降准、发行国债、加大基础设施领域补短板力度等，从而对用电增长形成支撑作用。

综合各方面影响因素，考虑到 2019 年基建和房地产仍将保持相对乐观的增长，环保设备的使用及产品升级的趋势仍在加速，四大高耗能行业生产对用电量的"托底"作用将更为明显地发挥出来，因此电力需求预测的低方案基本采用重点行业比重法的结果，全年用电增速约为 5.0％；也可能房地产市场持续活跃、宏观调控政策适时发力，推动经济增速在三、四季度触底微升，因此高方案取月度用电量比重法中的中、高结果平均值，假设一季度用电比重占全年的水平较低，全年用电增速有望达到 7.0％。

综上，利用组合预测法，分高、中、低三个方案，预计 2019 年全国全社会用电量将达到 7.28 万亿～7.41 万亿 kW·h，比上年增长 5.0％～7.0％。三个方案电力需求增长情况如下：

**高方案：**全球经济运行平稳，中美经贸摩擦维持现状❶，国内经济基本延续上年增长态势，夏季出现大范围持续高温天气，预计全国全社会用电量达到 7.41 万亿 kW·h，比上年增长 7.0％，增速较上年下降 1.3 个百分点。

**中方案：**全球经济增长势头减弱，中美经贸摩擦维持现状，预计用电量受影响程度将多于上年 0.6 个百分点，国内经济下行压力加大，夏季气温较常年

---

❶　美国对剩余 3250 亿美元商品不加征 25％关税。

偏高但程度低于上年，预计全国全社会用电量为 7.34 万亿 kW•h，比上年增长 6.0%，增速较上年下降 2.3 个百分点。

**低方案：**全球经济风险加大，中美经贸摩擦进一步恶化❶，预计用电量受影响程度将高于上年 1.2 个百分点，国内经济内生动力不足，经济增速放缓，夏季气温与常年平均水平持平，预计全国全社会用电量为 7.28 万亿 kW•h，比上年增长 5.0%，增速较上年下降 3.3 个百分点。

三个方案具体预测结果见表 3-4。综合当前经济和宏观政策，三种方案出现概率从高到低依次为中方案、低方案、高方案，预计用电量增速落在 5%～6% 区间的概率较大。

表 3-4　　　　　　2019 年全社会用电量预测结果（组合预测）

| 类别 | 用电量<br>（亿 kW•h） | 增速<br>（%） |
|---|---|---|
| 部门分析法 | 74 251 | 7.2 |
| 重点行业比重法 | 72 837～73 882 | 5.1～6.6 |
| 月度用电量比重法 | 72 706～74 644 | 4.9～7.7 |
| 组合预测结果（高方案） | 74 135 | 7.0 |
| 组合预测结果（中方案） | 73 443 | 6.0 |
| 组合预测结果（低方案） | 72 750 | 5.0 |

从三次产业和居民生活用电来看，受乡村振兴战略加快推进、扶贫攻坚进入关键期，以及新一轮农网改造升级工程红利逐步显现等因素影响，农村用电潜力继续释放，第一产业用电保持较快增长，预计增速为 7.6%～9.6%；受国内外需求增长乏力拖累，制造业用电增速有所回落，其中高耗能回落程度较先进制造业更大，第二产业用电增速明显放缓，预计增长 2.9%～4.9%；受人民生活水平不断提升、极端气温、应对雾霾及清洁采暖等因素影响，第三产业和居民生活用电持续增长，预计第三产业用电增速为 10.5%～12.5%，预计居民

---

❶ 美国对剩余 3250 亿美元商品也加征 25% 关税。

生活用电增速为 9.3%~11.3%。

总体来看，电能替代和气温偏高是拉动 2019 年用电实现较快增长的重要原因。其中，电能替代按照 1630 亿 kW·h 考虑，降温电量按增长 9% 左右的增速考虑，约拉动用电增长 2.4 个百分点。参考国家气候中心分析，2019 年夏季全国气温偏高概率较大，冬季气温与常年相当。据测算，若夏季出现区域性、低强度高温天气，预计夏季降温电量和冬季取暖电量增加 550 亿 kW·h，拉动用电增长 0.8 个百分点；若夏季出现大范围、长时间极端高温，预计降温取暖电量增加 1075 亿 kW·h，拉动用电增长 1.5 个百分点。但经济下行压力较大，对用电增长的支撑不及上年，总体来看全年用电增速较上年放缓约 2.3 个百分点。三次产业和城乡居民生活用电量预测结果见表 3-5。

表 3-5 　　　　　　2019 年三次产业和城乡居民生活用电量预测结果

| 类别 | 2018 年增速 (%) | 2019 年全年预测 | | | | | |
| --- | --- | --- | --- | --- | --- | --- | --- |
| | | 低方案 | | 中方案 | | 高方案 | |
| | | 用电量 (亿 kW·h) | 增速 (%) | 用电量 (亿 kW·h) | 增速 (%) | 用电量 (亿 kW·h) | 增速 (%) |
| 全社会 | 8.3 | 72 750 | 5.0 | 73 443 | 6.0 | 74 135 | 7.0 |
| 第一产业 | 9.8 | 784 | 7.6 | 791 | 8.6 | 798 | 9.6 |
| 第二产业 | 7.0 | 49 451 | 2.9 | 49 932 | 3.9 | 50 413 | 4.9 |
| 其中：四大高耗能 | 5.7 | 20 409 | 2.3 | 20 609 | 3.3 | 20 808 | 4.3 |
| 化工 | 3.3 | 4783 | 2.5 | 4830 | 3.5 | 4877 | 4.5 |
| 建材 | 5.8 | 3633 | 3.9 | 3668 | 4.9 | 3703 | 5.9 |
| 黑色金属 | 9.9 | 5568 | 2.0 | 5623 | 3.0 | 5677 | 4.0 |
| 有色金属 | 3.8 | 6425 | 1.5 | 6488 | 2.5 | 6551 | 3.5 |
| 第三产业 | 12.7 | 11 932 | 10.5 | 12 040 | 11.5 | 12 148 | 12.5 |
| 居民生活 | 10.4 | 10 583 | 9.3 | 10 680 | 10.3 | 10 777 | 11.3 |

中方案，预计 2019 年四个季度全社会用电量同比分别增长 5.5%、4.7%、6.7% 和 6.9%，四个季度增速较上年同期分别下降 4.3、4.3、1.3、0.4 个百

分点。2019 年全社会用电量分季度走势（中方案）如图 3-1 所示。

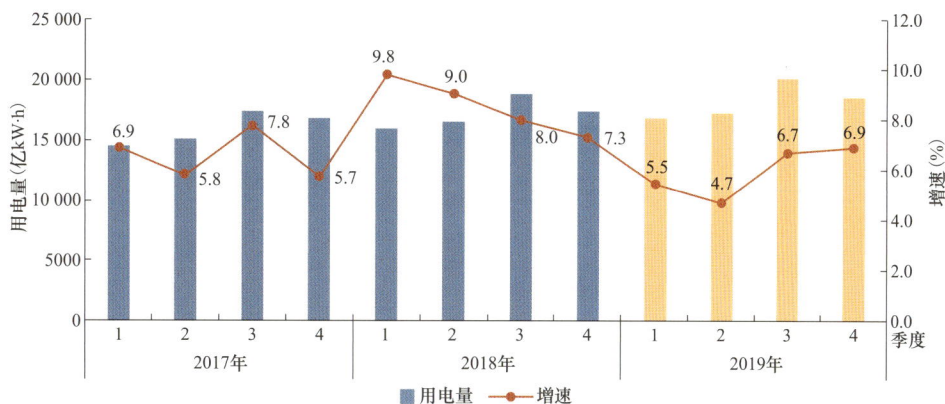

图 3-1    2019 年全社会用电量分季度走势（中方案）

## 3.2    分地区用电量

2019 年，**华北地区（含蒙西）**受建国 70 周年等重大活动影响，环保压力依然较大，区域内钢铁等高耗能行业仍将受到影响，但考虑到"蓝天保卫战"持续推进，以电代煤等电能替代措施将拉动第三产业和居民生活用电快速增长，预计华北地区全社会用电量为 17 546 亿～17 879 亿 kW·h，比上年增长 5.1%～7.1%。**华东地区**新动能持续发力，但受中美经贸摩擦及上年贸易摩擦抢出口导致基数偏高等因素影响，预计全社会用电量为 17 411 亿～17 745 亿 kW·h，比上年增长 4.4%～6.4%。**华中地区**继续发挥劳动力、资源及环境空间等优势，用电量仍将保持较快增长，预计全社会用电量为 9114 亿～9287 亿 kW·h，比上年增长 5.2%～7.2%。**东北地区**受内生动力不足影响，电力需求增长较慢，预计全社会用电量为 4774 亿～4866 亿 kW·h，比上年增长 3.7%～5.7%。**西北地区**由于有较明显的资源和电价优势，继续承接东部地区高耗能产业转移，预计全社会用电量为 7855 亿～8005 亿 kW·h，比上年增长 5.0%～7.0%。**西南地区**受工业用电增长和气温影响带动，保持全国增速之首，预计全社会用电量为

3899 亿～3971 亿 kW•h，比上年增长 7.0％～9.0％。**南方地区**的广西和海南将是电力需求的新增长点，广东和贵州相对稳定，云南增速走低，预计南方全社会用电量为 12 151 亿～12 381 亿 kW•h，比上年增长 5.5％～7.5％。

中方案，预计 2019 年华北（含蒙西）、华东、华中、东北、西北、西南、南方电网区域用电量比上年分别增长 6.1％、5.4％、6.2％、4.7％、6.0％、8.0％、6.5％。预计国家电网公司经营区（含蒙西）全社会用电量达到 6.1 万亿 kW•h，比上年增长 5.9％，增速较上年下降约 2.4 个百分点。2019 年全国及各地区全社会用电量预测结果见表 3-6。

表 3-6　　　　　　　　　 2019 年全国及各地区全社会用电量预测结果

| 地区 | 2018 年增速（％） | 2019 年全年预测 | | | | | |
| --- | --- | --- | --- | --- | --- | --- | --- |
| | | 低方案 | | 中方案 | | 高方案 | |
| | | 用电量（亿 kW•h） | 增速（％） | 用电量（亿 kW•h） | 增速（％） | 用电量（亿 kW•h） | 增速（％） |
| 全国合计 | 8.3 | 72 750 | 5.0 | 73 443 | 6.0 | 74 136 | 7.0 |
| 国网（含蒙西） | 8.3 | 60 599 | 4.9 | 61 177 | 5.9 | 61 754 | 6.9 |
| 国网（不含蒙西） | 7.8 | 57 463 | 4.5 | 58 013 | 5.5 | 58 562 | 6.5 |
| 华北地区（含蒙西） | 8.4 | 17 546 | 5.1 | 17 712 | 6.1 | 17 879 | 7.1 |
| 华北地区（不含蒙西） | 6.6 | 14 409 | 3.6 | 14 548 | 4.6 | 14 688 | 5.6 |
| 北京 | 7.1 | 1171 | 2.5 | 1182 | 3.5 | 1194 | 4.5 |
| 天津 | 6.9 | 893 | 3.7 | 902 | 4.7 | 910 | 5.7 |
| 冀北 | 5.3 | 1641 | 4.4 | 1657 | 5.4 | 1673 | 6.4 |
| 河北南 | 7.5 | 2194 | 4.8 | 2215 | 5.8 | 2236 | 6.8 |
| 山西 | 8.5 | 2301 | 6.5 | 2322 | 7.5 | 2344 | 8.5 |
| 山东 | 5.7 | 6210 | 2.1 | 6271 | 3.1 | 6331 | 4.1 |
| 华东地区 | 7.2 | 17 411 | 4.4 | 17 578 | 5.4 | 17 745 | 6.4 |
| 上海 | 2.6 | 1598 | 2.0 | 1614 | 3.0 | 1629 | 4.0 |
| 江苏 | 5.5 | 6341 | 3.5 | 6403 | 4.5 | 6464 | 5.5 |
| 浙江 | 8.1 | 4755 | 4.9 | 4800 | 5.9 | 4845 | 6.9 |

续表

| 地区 | 2018 年增速 (%) | 2019 年全年预测 | | | | | |
|---|---|---|---|---|---|---|---|
| | | 低方案 | | 中方案 | | 高方案 | |
| | | 用电量 (亿 kW·h) | 增速 (%) | 用电量 (亿 kW·h) | 增速 (%) | 用电量 (亿 kW·h) | 增速 (%) |
| 安徽 | 11.1 | 2305 | 8.0 | 2327 | 9.0 | 2348 | 10.0 |
| 福建 | 9.5 | 2412 | 4.2 | 2435 | 5.2 | 2458 | 6.2 |
| **华中地区** | **9.5** | **9114** | **5.2** | **9201** | **6.2** | **9287** | **7.2** |
| 湖北 | 10.8 | 2223 | 7.3 | 2244 | 8.3 | 2264 | 9.3 |
| 湖南 | 10.4 | 1858 | 6.4 | 1875 | 7.4 | 1892 | 8.4 |
| 河南 | 7.9 | 3502 | 2.5 | 3537 | 3.5 | 3571 | 4.5 |
| 江西 | 10.4 | 1531 | 7.2 | 1545 | 8.2 | 1560 | 9.2 |
| **东北地区** | **6.4** | **4774** | **3.7** | **4820** | **4.7** | **4866** | **5.7** |
| 辽宁 | 7.8 | 2423 | 5.2 | 2446 | 6.2 | 2469 | 7.2 |
| 吉林 | 6.8 | 777 | 3.5 | 784 | 4.5 | 792 | 5.5 |
| 黑龙江 | 4.9 | 997 | 2.4 | 1007 | 3.4 | 1016 | 4.4 |
| 蒙东 | 3.3 | 578 | −0.2 | 583 | 0.8 | 589 | 1.8 |
| **西北地区** | **8.9** | **7855** | **5.0** | **7930** | **6.0** | **8005** | **7.0** |
| 陕西 | 6.7 | 1688 | 5.9 | 1704 | 6.9 | 1720 | 7.9 |
| 甘肃 | 10.7 | 1317 | 2.1 | 1330 | 3.1 | 1343 | 4.1 |
| 青海 | 7.5 | 737 | −0.1 | 745 | 0.9 | 752 | 1.9 |
| 宁夏 | 8.8 | 1111 | 4.4 | 1122 | 5.4 | 1133 | 6.4 |
| 新疆 | 9.9 | 3001 | 7.4 | 3029 | 8.4 | 3057 | 9.4 |
| **西南地区** | **11.8** | **3899** | **7.0** | **3935** | **8.0** | **3971** | **9.0** |
| 四川 | 11.5 | 2632 | 7.0 | 2657 | 8.0 | 2681 | 9.0 |
| 重庆 | 11.8 | 1187 | 6.5 | 1198 | 7.5 | 1209 | 8.5 |
| 西藏 | 18.6 | 79 | 14.8 | 80 | 15.8 | 81 | 16.8 |
| **南方地区** | **8.3** | **12151** | **5.5** | **12266** | **6.5** | **12381** | **7.5** |
| 广东 | 6.1 | 6586 | 4.2 | 6650 | 5.2 | 6713 | 6.2 |
| 广西 | 17.8 | 1872 | 9.9 | 1889 | 10.9 | 1906 | 11.9 |

续表

| 地区 | 2018 年增速 (%) | 2019 年全年预测 | | | | | |
|---|---|---|---|---|---|---|---|
| | | 低方案 | | 中方案 | | 高方案 | |
| | | 用电量 (亿 kW·h) | 增速 (%) | 用电量 (亿 kW·h) | 增速 (%) | 用电量 (亿 kW·h) | 增速 (%) |
| 海南 | 7.2 | 352 | 7.8 | 355 | 8.8 | 359 | 9.8 |
| 贵州 | 7.0 | 1570 | 5.9 | 1584 | 6.9 | 1599 | 7.9 |
| 云南 | 9.2 | 1771 | 5.5 | 1788 | 6.5 | 1805 | 7.5 |
| **蒙西** | **19.0** | **3136** | **13.0** | **3164** | **14.0** | **3192** | **15.0** |

## 3.3 最大用电负荷

利用时间序列、最大负荷利用小时数等方法预测，2019 年全国调度最大负荷为 10.62 亿～10.82 亿 kW，比上年增长 6.9％～8.9％，出现在夏季。

**高方案**，预计 2019 年全国调度最大负荷将达到 10.82 亿 kW，比上年增长 8.9％，出现在夏季；国家电网公司经营区（含蒙西）调度最大负荷达到 9.11 亿 kW，比上年增长 8.7％，出现在夏季。分地区看，华北（含蒙西）、华东、华中、西南、南方电网最大负荷均出现在夏季，依次为 2.56 亿、3.03 亿、1.64 亿、0.69 亿、1.85 亿 kW，比上年分别增长 10.8％、7.6％、8.5％、12.1％和 9.6％；东北、西北电网最大负荷出现在冬季，分别为 0.67 亿、0.94 亿 kW，比上年分别增长 4.5％、7.0％。

**中方案**，预计 2019 年全国调度最大负荷将达到 10.72 亿 kW，比上年增长 7.9％，出现在夏季；国家电网公司经营区（含蒙西）调度最大负荷达到 9.02 亿 kW，比上年增长 7.7％，出现在夏季。分地区看，华北（含蒙西）、华东、华中、西南、南方电网最大负荷均出现在夏季，依次为 2.54 亿、3.00 亿、1.62 亿、0.67 亿、1.83 亿 kW，比上年分别增长 9.8％、6.6％、7.5％、11.1％和 8.6％；东北、西北电网最大负荷出现在冬季，分别为 0.67 亿、0.94

亿 kW，比上年分别增长 3.5%、6.0%。

**低方案，**预计 2019 年全国调度最大负荷将达到 10.62 亿 kW，比上年增长 6.9%，出现在夏季；国家电网公司经营区（含蒙西）调度最大负荷达到 8.94 亿 kW，比上年增长 6.7%，出现在夏季。分地区看，华北（含蒙西）、华东、华中、西南、南方电网最大负荷均出现在夏季，依次为 2.52 亿、2.97 亿、1.60 亿、0.67 亿、1.81 亿 kW，比上年分别增长 8.8%、5.6%、6.5%、10.1% 和 7.6%；东北、西北电网最大负荷出现在冬季，分别为 0.66 亿、0.93 亿 kW，比上年分别增长 2.5%、5.0%。具体预测结果见表 3-7。

表 3-7　　　　　　　　　　　2019 年调度最大负荷预测结果

| 地区 | 2018 年增速（%） | 2019 年全年预测 | | | | | |
|---|---|---|---|---|---|---|---|
| | | 低方案 | | 中方案 | | 高方案 | |
| | | 负荷（万 kW） | 增速（%） | 负荷（万 kW） | 增速（%） | 负荷（万 kW） | 增速（%） |
| 全国 | 7.3 | 106 192 | 6.9 | 107 186 | 7.9 | 108 180 | 8.9 |
| 国网（含蒙西） | 6.4 | 89 379 | 6.7 | 90 216 | 7.7 | 91 054 | 8.7 |
| 国网（不含蒙西） | 6.5 | 86 190 | 6.7 | 86 998 | 7.7 | 87 805 | 8.7 |
| 华北（含蒙西） | 5.8 | 25 161 | 8.8 | 25 392 | 9.8 | 25 624 | 10.8 |
| 华北地区（不含蒙西） | 5.0 | 21 825 | 9.4 | 22 195 | 10.4 | 22 224 | 11.4 |
| 北京 | 4.5 | 2476 | 5.1 | 2500 | 6.1 | 2524 | 7.1 |
| 天津 | 1.4 | 1691 | 8.1 | 1707 | 9.1 | 1723 | 10.1 |
| 冀北 | 4.3 | 2629 | 5.6 | 2654 | 6.6 | 2679 | 7.6 |
| 冀南 | 3.2 | 4176 | 14.2 | 4213 | 15.2 | 4249 | 16.2 |
| 山西 | 10.6 | 3467 | 6.5 | 3075 | 7.5 | 3532 | 8.5 |
| 山东 | 13.4 | 8918 | 9.2 | 9000 | 10.2 | 9081 | 11.2 |
| 华东 | 2.2 | 29 689 | 5.6 | 29 970 | 6.6 | 30 251 | 7.6 |
| 上海 | -5.3 | 3269 | 5.7 | 3300 | 6.7 | 3331 | 7.7 |
| 江苏 | 0.6 | 10 892 | 5.9 | 10 995 | 6.9 | 11 098 | 7.9 |
| 浙江 | 5.0 | 8535 | 8.6 | 8613 | 9.6 | 8692 | 10.6 |
| 安徽 | 2.5 | 4311 | 10.1 | 4350 | 11.1 | 4389 | 12.1 |

续表

| 地区 | 2018年增速（%） | 2019年全年预测 | | | | | |
|---|---|---|---|---|---|---|---|
| | | 低方案 | | 中方案 | | 高方案 | |
| | | 负荷（万 kW） | 增速（%） | 负荷（万 kW） | 增速（%） | 负荷（万 kW） | 增速（%） |
| 福建 | 4.4 | 3954 | 7.8 | 3990 | 8.8 | 4027 | 9.8 |
| **华中** | **9.9** | **16 049** | **6.5** | **16 200** | **7.5** | **16 350** | **8.5** |
| 湖北 | 3.2 | 3969 | 5.8 | 4006 | 6.8 | 4044 | 7.8 |
| 湖南 | 13.2 | 3369 | 12.0 | 3200 | 13.0 | 3429 | 14.0 |
| 河南 | 11.6 | 7307 | 10.6 | 7373 | 11.6 | 7439 | 12.6 |
| 江西 | −22.1 | 2657 | 13.0 | 2537 | 14.0 | 2704 | 15.0 |
| **东北** | **206.9** | **6610** | **2.5** | **6676** | **3.5** | **6739** | **4.5** |
| 辽宁 | −46.7 | 3392 | 3.9 | 3425 | 4.9 | 3458 | 5.9 |
| 吉林 | 1.9 | 1168 | 2.1 | 1180 | 3.1 | 1191 | 4.1 |
| 黑龙江 | 1.3 | 1442 | 0.4 | 1457 | 1.4 | 1471 | 2.4 |
| 蒙东 | 12.2 | 876 | −0.4 | 885 | 0.6 | 893 | 1.6 |
| **西北** | **8.3** | **9268** | **5.0** | **9357** | **6.0** | **9444** | **7.0** |
| 陕西 | 0.3 | 2626 | 9.7 | 2650 | 10.7 | 2674 | 11.7 |
| 甘肃 | 3.0 | 1555 | 2.8 | 1570 | 3.8 | 1585 | 4.8 |
| 青海 | 0.5 | 921 | −0.4 | 930 | 0.6 | 939 | 1.6 |
| 宁夏 | 2.4 | 1327 | 2.3 | 1340 | 3.3 | 1353 | 4.3 |
| 新疆 | 3.7 | 3021 | 3.8 | 3050 | 4.8 | 3079 | 5.8 |
| **西南** | **12.0** | **6774** | **10.1** | **6724** | **11.1** | **6897** | **12.1** |
| 四川 | 15.3 | 4443 | 7.9 | 4484 | 8.9 | 4525 | 9.9 |
| 重庆 | 5.4 | 2294 | 10.4 | 2220 | 11.4 | 2335 | 12.4 |
| 西藏 | 31.8 | 167 | 14.1 | 92 | 15.1 | 170 | 16.1 |
| **南方** | **3.4** | **18 138** | **7.6** | **18 306** | **8.6** | **18 475** | **9.6** |
| 广东 | 0.4 | 11 387 | 4.5 | 11 496 | 5.5 | 11 605 | 6.5 |

续表

| 地区 | 2018 年增速 (%) | 2019 年全年预测 | | | | | |
| --- | --- | --- | --- | --- | --- | --- | --- |
| | | 低方案 | | 中方案 | | 高方案 | |
| | | 负荷 (万 kW) | 增速 (%) | 负荷 (万 kW) | 增速 (%) | 负荷 (万 kW) | 增速 (%) |
| 广西 | 22.4 | 2656 | 7.9 | 2254 | 8.9 | 2705 | 9.9 |
| 贵州 | 12.2 | 2633 | 7.2 | 1852 | 8.2 | 2682 | 9.2 |
| 云南 | −1.3 | 2297 | 7.3 | 2080 | 8.3 | 2339 | 9.3 |
| 海南 | 5.4 | 517 | 7.3 | 522 | 8.3 | 527 | 9.3 |
| **蒙西** | **14.5** | **3591** | **5.3** | **3358** | **6.3** | **3659** | **7.3** |

# 4

## 2019 年电力供应预测

## 章节要点

**新投产装机容量较上年明显下降**。2019 年，全国新投产发电装机容量 1.1 亿 kW，比上年减少 11.3%。其中，火电为 4500 万 kW，水电为 710 万 kW，核电为 528 万 kW，风电为 2800 万 kW，太阳能发电为 2500 万 kW。

**发电装机容量保持平稳增长**。截至 2019 年底，全国发电装机容量将达到 20.1 亿 kW，比上年增长 5.8%。其中，水电为 3.6 亿 kW，比上年增长 2.0%，占总装机容量的 17.9%；火电为 11.9 亿 kW，比上年增长 3.9%，占 59.1%；核电为 4993 万 kW，比上年增长 11.8%，占 2.5%；风电为 2.1 亿 kW，比上年增长 15.2%，占 10.6%；太阳能发电为 2.0 亿 kW，比上年增长 14.3%，占 9.9%。

**新投产装机主要集中在华北、西北、华东地区**。华北、华东、华中、东北、西北、西南、南方电网区域全年新增发电装机容量分别为 2757 万、1753 万、1707 万、1211 万、1886 万、222 万、1501 万 kW；年底全口径发电装机容量分别占全国的 22.0%、19.6%、12.9%、7.8%、14.4%、6.3% 和 17.0%。

# 4.1 新投产装机

**新投产装机容量较上年明显下降**。预计 2019 年全国新投产发电装机容量 1.1 亿 kW，比上年减少 11.3%。其中，火电为 4500 万 kW，比上年增长 9.3%；水电为 710 万 kW，比上年减少 16.8%；核电为 528 万 kW，比上年减少 40.3%；风电为 2800 万 kW，比上年增长 33.3%；太阳能发电为 2500 万 kW，比上年减少 44.1%。

**华北地区新投产装机最多，西南地区最少**。华北地区新投产装机容量最多，为 2757 万 kW，占全部新投产装机容量的 25.0%，西北、华东、华中地区新投产装机容量较多，分别为 1886 万、1753 万、1707 万 kW，占全部新投产装机容量的 17.1%、15.9% 和 15.5%；南方、东北地区新投产装机容量分别为 1501 万、1211 万 kW，占比为 13.6% 和 11.0%；西南地区新投产容量最少，为 222 万 kW，仅占 2.0%。2019 年新投产发电装机结构和布局如图 4-1 所示。

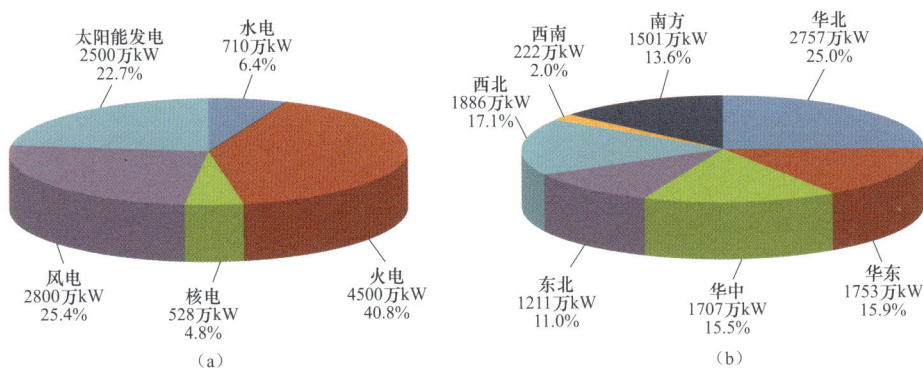

图 4-1　2019 年新投产发电装机结构和布局

（a）2019 年新投产装机结构；（b）2019 年新投产装机布局

注：本章中，东北地区包括黑龙江、吉林、辽宁及蒙东地区，华北地区包括北京、天津、河北、山西、山东五省（市）。

**华北地区新增装机主要是火电**。预计 2019 年华北地区火电新投产装机容量将达到 1215 万 kW，占地区新增装机容量的比重为 44.1%；水电无新增装机；

核电、风电和太阳能发电新增装机容量分别为 125 万、783 万、634 万 kW，分别占地区全部新投产装机容量的 4.5%、28.4% 和 23.0%。

**华东地区新增装机主要是火电和太阳能发电**。预计 2019 年华东地区火电、太阳能发电新投产装机容量将分别达到 603 万、680 万 kW，占地区新增装机容量的比重分别为 34.4%、38.8%；水电、核电、风电新增装机容量分别为 76 万、119 万、276 万 kW，分别占地区全部新投产装机容量的 4.3%、6.8% 和 15.8%。

**华中地区新增装机主要是火电和风电**。预计 2019 年华中地区火电、风电新投产装机容量将分别达到 735 万、544 万 kW，占地区新增装机容量的比重分别为 43.1%、31.9%；无新增核电；水电、太阳能发电新增装机容量分别为 41 万、387 万 kW，分别占地区全部新投产装机容量的 2.4%、22.7%。

**东北地区新增装机主要是火电和风电**。预计 2019 年东北地区火电、风电新投产装机容量将分别达到 643 万、282 万 kW，占地区新增装机容量的比重分别为 53.1%、23.3%；无新增核电；水电、太阳能发电新增装机容量分别为 53 万、233 万 kW，分别占地区全部新投产装机容量的 4.4%、19.2%。

**西北地区新增装机主要是火电**。预计 2019 年西北地区火电新投产装机容量将达到 649 万 kW，占地区新增装机容量的比重为 34.4%；无新增核电；水电、风电、太阳能发电新增装机容量分别为 314 万、481 万、442 万 kW，分别占地区全部新投产装机容量的 16.6%、25.5%、23.4%。

**西南地区新增装机主要是水电和风电**。预计 2019 年西南地区水电、风电新投产装机容量将分别达到 60 万、98 万 kW，占地区新增装机容量的比重分别为 27.2%、44.2%；无新增核电；火电、太阳能发电新增装机容量分别为 22 万、42 万 kW，分别占地区全部新投产装机容量的 9.7%、18.9%。

**南方地区新增装机主要是火电**。预计 2019 年南方地区火电新投产装机容量将达到 633 万 kW，占地区新增装机容量的比重为 42.2%；核电、水电、风电、太阳能发电新增装机容量分别为 284 万、167 万、355 万、83 万 kW，分别占地区全部新投产装机容量的 18.9%、11.1%、22.3%、5.5%。

# 4.2 装机总规模

预计到 **2019 年底**，全国发电装机容量将达到 **20.1 亿 kW**，比上年增长 **5.8%**。其中，水电装机容量为 3.6 亿 kW，比上年增长 2.0%，占总装机容量的 17.9%，占比较上年降低 0.7 个百分点；火电装机容量为 11.9 亿 kW，比上年增长 3.9%，占总装机容量的 59.1%，占比较上年降低 1.1 个百分点；核电装机容量为 4993 万 kW，比上年增长 11.8%，占总装机容量的 2.5%，占比较上年提高 0.1 个百分点；风电装机容量为 2.1 亿 kW，比上年增长 15.2%，占总装机容量的 10.6%，占比较上年提高 0.9 个百分点；太阳能发电装机容量达到 2.0 亿 kW，比上年增长 14.3%，占总装机容量的 9.9%，占比较上年提高 0.7 个百分点。

2019 年底发电装机结构和布局如图 4-2 所示。

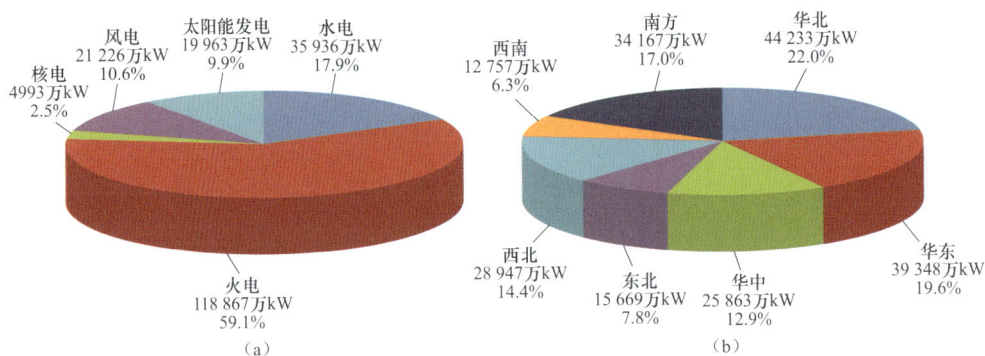

图 4-2　2019 年底发电装机结构和布局

（a）2019 年底全国装机结构；（b）2019 年底装机布局

预计到 **2019 年底**，华北地区发电装机容量将达到 **4.4 亿 kW**。其中，水电装机容量为 821 万 kW，占总装机容量的 1.9%，占比较上年降低 0.1 个百分点；火电装机容量为 3.2 亿 kW，占总装机容量的 71.9%，占比较上年降低

1.8 个百分点；核电装机容量为 250 万 kW，占总装机容量的 0.6%，占比较上年提高 0.3 个百分点；风电装机容量为 6331 万 kW，占总装机容量的 14.3%，占比较上年提高 0.9 个百分点；太阳能发电装机容量达到 5047 万 kW，占总装机容量的 11.4%，占比较上年提高 0.8 个百分点。

**预计到 2019 年底，华东地区发电装机容量将达到 3.9 亿 kW**。其中，水电装机容量为 3135 万 kW，占总装机容量的 8.0%，占比较上年降低 0.2 个百分点；火电装机容量为 2.7 亿 kW，占总装机容量的 69.8%，占比较上年降低 1.7 个百分点；核电装机容量为 2335 万 kW，占总装机容量的 5.9%，占比与上年持平；风电装机容量为 1907 万 kW，占总装机容量的 4.8%，占比较上年提高 0.5 个百分点；太阳能发电装机容量达到 4505 万 kW，占总装机容量的 11.4%，占比较上年提高 1.3 个百分点。

**预计到 2019 年底，华中地区发电装机容量将达到 2.6 亿 kW**。其中，水电装机容量为 6341 万 kW，占总装机容量的 24.5%，占比较上年降低 1.6 个百分点；火电装机容量为 1.5 亿 kW，占总装机容量的 57.6%，占比较上年降低 1.0 个百分点；无核电装机；风电装机容量为 1916 万 kW，占总装机容量的 7.4%，占比较上年提高 1.7 个百分点；太阳能发电装机容量达到 2717 万 kW，占总装机容量的 10.5%，占比较上年提高 0.9 个百分点。

**预计到 2019 年底，东北地区发电装机容量将达到 1.6 亿 kW**。其中，水电装机容量为 875 万 kW，占总装机容量的 5.6%，占比较上年降低 0.1 个百分点；火电装机容量为 1.0 亿 kW，占总装机容量的 64.1%，占比较上年降低 0.9 个百分点；核电装机容量为 448 万 kW，占总装机容量的 2.9%，占比较上年降低 0.2 个百分点；风电装机容量为 3126 万 kW，占总装机容量的 20.0%，占比较上年提高 0.3 个百分点；太阳能发电装机容量达到 1174 万 kW，占总装机容量的 7.5%，占比较上年提高 1.0 个百分点。

**预计到 2019 年底，西北地区发电装机容量将达到 2.9 亿 kW**。其中，水电装机容量为 3562 万 kW，占总装机容量的 12.3%，占比较上年提高 0.3 个百分点；火电装机容量为 1.5 亿 kW，占总装机容量的 52.7%，占比较上年降低 1.3 个百分点；无核电装机；风电装机容量为 5367 万 kW，占总装机容量的 18.5%，占比较上年提高 0.5 个百分点；太阳能发电装机容量达到 4768 万 kW，占总装机容量的 16.5%，占比较上年提高 0.5 个百分点。

预计到 2019 年底，西南地区发电装机容量将达到 1.3 亿 kW。其中，水电装机容量为 8797 万 kW，占总装机容量的 69.0%，占比较上年降低 0.7 个百分点；火电装机容量为 3196 万 kW，占总装机容量的 25.1%，占比较上年降低 0.3 个百分点；无核电装机；风电装机容量为 402 万 kW，占总装机容量的 3.1%，占比较上年提高 0.7 个百分点；太阳能发电装机容量达到 363 万 kW，占总装机容量的 2.8%，占比较上年提高 0.3 个百分点。

预计到 2019 年底，南方地区发电装机容量将达到 3.4 亿 kW。其中，水电装机容量为 1.2 亿 kW，占总装机容量的 36.3%，占比较上年降低 1.2 个百分点；火电装机容量为 1.6 亿 kW，占总装机容量的 47.5%，占比较上年降低 0.2 个百分点；核电装机容量为 1961 万 kW，占总装机容量的 5.7%，占比较上年提高 0.6 个百分点；风电装机容量为 2177 万 kW，占总装机容量的 6.4%，占比较上年提高 0.7 个百分点；太阳能发电装机容量达到 1390 万 kW，占总装机容量的 4.1%，占比较上年提高 0.1 个百分点。

# 5

## 2019 年电力供需形势预测

📢 **章节要点**

**全国电力供需形势总体平衡，但部分地区高峰时段供需紧张。** 2019 年，华北、华中电网供需紧张；西南电网供需平衡偏紧；华东电网供需平衡；南方电网电力供需平衡有余；东北、西北电网电力供应存在富余。

**全国发电设备利用小时数较上年有所下降，其中火电设备利用小时数与上年基本持平。** 中方案，预计 2019 年全国发电设备平均利用小时数为 3810h 左右，较上年下降约 53h，其中火电设备平均利用小时数为 4357h 左右，与上年基本持平。

**部分地区在用电高峰时段存在电力缺口。** 迎峰度夏期间，华北、华中电网供需紧张，西南电网供需平衡偏紧。京津唐电网、河北南网，以及山东、湖北、湖南、河南、江西、四川、重庆电网在高峰时段存在电力缺口。

# 5.1　全国电力供需形势

按照如下边界条件对 2019 年全国及各地区电力电量平衡情况进行分析：

（1）中美经贸摩擦维持现状，我国保持现有政策逆周期调控力度不变，全年 GDP 增长 6.2%。

（2）迎峰度夏前（截至 5 月底），全国发电装机容量达到 19.4 亿 kW，年底全国发电装机容量达到 20.1 亿 kW。

（3）迎峰度夏期间全国全社会用电量同比增长 5.5%～7.5%，调度最大负荷增长 6.9%～8.9%；全年全国全社会用电量比上年增长 5.0%～7.0%，最大负荷增长 6.9%～8.9%。

（4）各地区检修容量、受阻容量根据近年来的检修计划和来水、电煤供需情况考虑。

（5）各区域间、各省间输入输出电力和电量按照往年交易执行情况和预计增长情况考虑。

（6）大电网（调度装机容量大于 3000 万 kW 的省级电网）负荷备用容量和事故备用容量合计按 3% 考虑，小电网（调度装机容量小于 3000 万 kW 的省级电网）按照 5% 考虑，风电考虑保证率 5%～10%。

（7）水电按照来水正常考虑；核电、风电、太阳能发电设备利用小时数分别按 7200、2100、1200h 考虑，与上年基本持平。

**2019 年，全国电力供需形势总体平衡，但部分地区高峰时段供需紧张。**分区域看，华北、华中电网供需紧张；西南电网供需平衡偏紧；华东电网供需平衡；南方电网电力供需平衡有余；东北、西北电网电力供应存在富余。

**中方案，预计 2019 年全国发电设备平均利用小时数为 3810h 左右，较上年下降约 53h，其中火电设备平均利用小时数为 4357h 左右，与上年基本持平。**

根据电力需求预测，基于对气温、来水、电煤供需等关键要素的分析，综合考虑新投产装机、跨区跨省电力电量交换计划、设备检修计划、发电出力受阻及合理备用等，通过电力电量平衡分析，**预计迎峰度夏期间（6—8月），在正常气象条件下，国家电网公司经营区域电力供需总体平衡，部分地区在高峰时段电力供需紧张**。分区域来看，华北、华中电网电力供需紧张，西南电网电力供需平衡偏紧，华东电网电力供需平衡，东北、西北电网电力供应富余。

## 5.2　各电网区域电力供需形势

　　**华北电网：电力供需紧张，电力缺口为 600 万 kW 左右**。省级电网中，京津唐电网预计 2019 年最大负荷为 6900 万 kW，综合考虑机组受阻、检修、区外受电等情况，京津唐电网电力最大缺口达到 50 万 kW。若特高压配套电源赵石畔、衡山、润青电厂不能在度夏前投产，缺口将扩大至 150 万 kW 左右。**河北南网**统调最大负荷预计为 4100 万 kW 左右，迎峰度夏期间总体供需形势为 90％时段平衡有余，时段性缺电问题突出，最大缺口在 440 万 kW 左右。**山东电网**统调最高负荷预计为 9000 万 kW，考虑省外来电 1850 万 kW（其中银东直流 400 万 kW，昭沂直流 400 万 kW，华北联络线 500 万 kW，鲁固直流 550 万 kW），预计电力缺口 300 万 kW。**山西电网**电力供需基本平衡，盈余在 25 万～214 万 kW 之间。

　　**华东电网：电力供需平衡**。在无特殊情况下，考虑旋转备用、满足高峰负荷用电后，电力盈余 1750 万 kW。省级电网中，**浙江紧平衡，其余省市**存在不同程度的富余，若吉泉直流不能按期投运，因网架结构因素其他省市不能有效支援，**安徽、浙江**将分别存在 150 万、100 万 kW 的电力缺口。

　　**华中电网：电力供需紧张，电力缺口为 500 万 kW 左右**。预测 2019 年夏季最大用电负荷为 16 200 万 kW 左右。根据综合预测及平衡分析，迎峰度夏期间，华中电网电力供需紧张，存在较大电力供应缺口。省级电网中，**湖北、湖南、河南、江西电网**均存在电力供需紧张局面，用电高峰时段分别存在 220 万、

250 万、250 万、150 万 kW 左右的电力缺口。

**东北电网：电力供应富余**。迎峰度夏期间，东北电网电力供应整体富余。省级电网中，辽宁、吉林、黑龙江和蒙东电网分别富余电力 200 万、300 万、400 万、650 万 kW 左右。

**西北电网：电力供应富余**。省级电网中，**陕西电网**电力供需平衡。**宁夏电网**在满足区内用电需求及外送电力的情况下，全网电力电量平衡且有部分盈余。**甘肃、新疆、青海电网**总体上供应大于需求，富余电力分别为 300 万、300 万、800 万 kW。

**西南电网：电力供需平衡偏紧**。迎峰度夏期间，西南电网高峰时段电力最大缺口约为 230 万 kW。省级电网中，**四川电网**电力供需紧张，高峰时段电力最大缺口约为 160 万 kW，丰水期四川电网电量富余较多，在采取减少火电开机、加大外送、水火替代和自备电厂停发替代等措施后，四川电网富余电量约 94 亿 kW·h 将难以消纳。**重庆电网**电力供需紧张，高峰时段电力最大缺口约 170 万 kW。**西藏电网**电力供需平衡。

**南方电网：电力供需平衡有余**。其中，广东、海南电网电力供需平衡；广西、贵州电网电力供需平衡有余；云南电网丰水期电力盈余较多。

# 6

## 专题 1——新中国电力供需 70 年

2019 年是新中国成立 70 周年。70 年以来，我国电力工业的成长壮大始终
与国家经济社会发展密不可分。我国国民经济快速发展为电力工业提供了物质
基础和外部环境，而电力工业的发展又稳步支撑着国民经济的快速发展。本章
从供应侧和需求侧两个方面回顾新中国成立以来我国电力工业发展历程，阐述
各阶段的发展特点，总结各阶段的电力供需主要特点。

# 6.1　供应侧

## 6.1.1　发电装机容量

**新中国成立以来，我国发电装机容量快速增长**。1949 年新中国成立之
初，我国发电装机容量（不包括台湾，下同）仅为 185 万 kW，发电量为 43
亿 kW·h。经过近 70 年的建设，至 2018 年末发电装机容量已达 19.0 亿 kW，
年均增速 10.6%；发电量已达 7.0 万亿 kW·h，年均增速 11.3%。

**我国发电装机规模屡上台阶，年均增量从万千瓦级增至亿千瓦级**。新中国
成立初期，我国发电装机容量仅为百万千瓦级别，经过 38 年建设，至 1987 年，
我国装机容量突破 1 亿 kW。随后，装机容量增速不断加快，上台阶周期不断
缩短，突破 2 亿 kW 用了 8 年（1987—1995 年），突破 3 亿 kW 用了 5 年（1995—
2000 年），突破 4 亿 kW 用了 4 年（2000—2004 年），自 2004 年起，基本保持
每年上升一个新台阶的增长态势，装机容量年均增量已接近 1 亿 kW，受风电、
太阳能发电等新能源装机快速增长影响，2013 年起装机容量年均增量更是达到
1.2 亿 kW 左右。

**分阶段看，装机容量增速与国民经济发展密切相关，呈现阶段性波动
趋势**。

新中国成立初期（1949—1952 年）为国民经济恢复时期，我国电力工业在
历经战争后开始缓慢恢复，装机容量年均增速仅为 1.9%。"一五"（1953—

1957 年）时期，我国开始集中力量进行工业化建设，在苏联援助下，一批规模较大的发电厂相继建成，装机容量随之高速增长，年均增速达到 18.8%。"二五"（1958—1962 年）时期，虽经历了"大跃进"和三年自然灾害，但电力工业建设仍然取得较大进展，装机容量年均增速 23.0%。1963—1965 年为国民经济调整时期，以修正"大跃进"运动带来的国民经济失衡，这一时期基建规模有所压缩，装机容量增速随之高位回落，年均增速 5.0%。

"三五"（1966—1970 年）时期，"文化大革命"的爆发严重影响了我国经济社会平稳发展，也对我国电力工业产生了冲击。但在"备战、备荒、为人民"方针和"分散、隐蔽、进洞"原则的指引下，电力工业建设仍取得了一定的进展，装机容量增速比国民经济调整时期有所加快，年均增速 9.5%。"四五"（1971—1975 年）时期，我国工业化建设持续推进，电力工业建设取得了一定成绩，装机容量年均增速 12.8%。但电力工业也暴露出了一定问题，东北、华北、华东电网频繁出现缺电情况。"五五"（1976—1980 年）时期，"文化大革命"结束，我国电力工业发展逐步走上正轨，装机容量年均增速 8.7%。

改革开放后，国民经济逐渐走上稳步健康发展的轨道。"六五"（1981—1985 年）时期，为缓解 70 年代以来的缺电局面，电力工业开始实行集资办电，打破了独家办电的局面，装机容量年均增速 5.7%。"七五"（1986—1990 年）时期，国家提出"政企分开、省为实体、联合电网、统一调度、集资办电"和"因地因网制宜"的方针，并开始征收电力建设资金，电力工业建设取得了长足进展，装机容量年均增速达到 9.6%。1992 年，党的十四大明确我国经济体制改革的目标是建立社会主义市场经济体制，改革开放和社会主义现代化建设进入新阶段，电力工业保持快速发展，"八五"（1991—1995 年）时期和"九五"（1996—2000 年）时期，装机容量年均增速分别达到 9.5% 和 8.0%，至 90 年代末，我国长期面临的缺电局面得到有效缓解。

"十五"（2001—2005 年）和"十一五"（2006—2010 年）时期，我国经济持续快速增长，装机容量年均增速分别为 10.1% 和 13.3%。进入"十二五"

（2011—2015 年）时期，我国经济发展进入新常态，经济增速缓中趋稳，装机容量增速略有回落，年均增速 9.6%。2016—2018 年，装机容量年均增速进一步回落至 7.6%。新中国成立以来我国装机容量增长情况如图 6-1 所示。

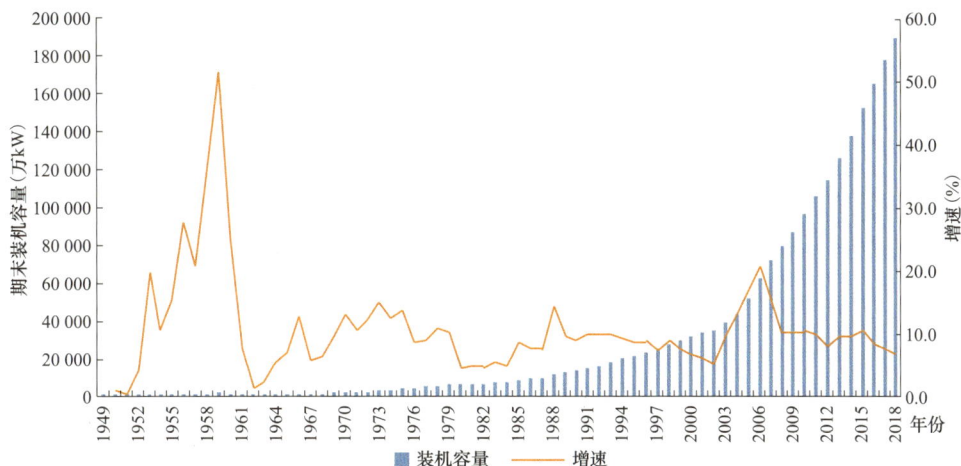

图 6-1　1949 年以来我国装机容量增长情况

## 6.1.2　电源结构

**新中国成立以来，我国电源结构持续优化，非化石能源装机占比快速上升，先后用了 4 年、3 年和 17 年突破 10%、20% 和 30%。**新中国成立初期，我国装机以火电、水电为主，水电、火电装机容量占比分别为 8.6%、91.4%。经过近 70 年的发展，逐步演变为水、火、核、风、太阳能并存的格局，电源结构持续优化，清洁化程度显著提升。从占比来看，2018 年，水电、火电、核电、风电和太阳能发电装机容量占比分别为 18.5%、60.2%、2.4%、9.7% 和9.2%，非化石能源装机占比相比于 1949 年大幅上升 31.2 个百分点。从增速来看，非化石能源装机从 1949 年的 16 万 kW 上升至 2018 年的 75 581 万 kW，年均增速 13.0%，高于同期火电装机增速（9.9%）3.1 个百分点。

分阶段看，我国电源结构变化可以划分为三个阶段。第一阶段为新中国成立初期至改革开放前，受我国水电大规模开发影响，非化石能源装机占比总体

97

处于显著提升的态势，分别仅用 4 年（1949－1953 年）、3 年（1953－1956 年）时间突破 10％、20％，随后处于波动上升态势，经过 17 年（1956－1973 年）后首次突破 30％，至"四五"末期稳定在 30％左右。第二阶段为改革开放后至"十五"时期，这一时期为缓解长期面临的缺电局面，我国火电装机容量快速增长，装机占比从改革开放初期的 70％左右逐渐上升至"十五"末期的 76％左右，对应地非化石能源装机占比从 30％左右下降至 24％左右。第三阶段为"十一五"至今，随着我国风电、太阳能发电开始大规模开发，非化石能源装机占比再次显著提升，2018 年，非化石能源装机容量占比已接近 40％，相比于 2006 年大幅上升 17.5 个百分点。新中国成立以来我国电源结构如图 6‐2 所示。

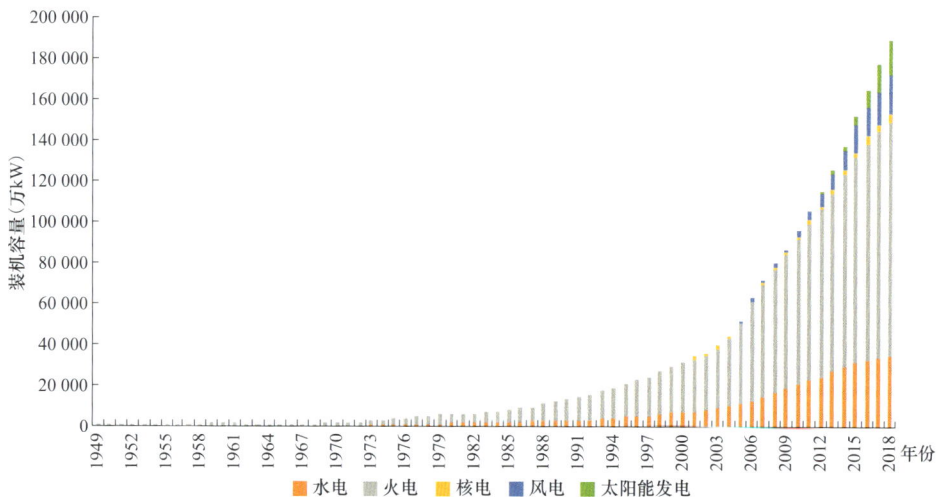

图 6‐2　1949 年以来我国电源结构

## 6.1.3　地区布局

**东北地区装机占比显著下降，华中、西北和南方地区装机占比显著提升。**新中国成立初期，我国电力工业主要分布在东北地区和东南沿海地区，且主要围绕大城市负荷中心。随着工业化进程的开启，装机布局也在不断调整，由过去负荷中心逐步转向资源中心，华中、西北和南方地区装机占比显著提升，地区布局趋于均衡。1949－2018 年，东北地区装机占比从 37.0％下降至 7.7％；

华中地区装机占比从 4.1％上升至 12.7％；西北地区装机占比从 0.8％上升至 14.2％；南方地区装机占比从 5.3％上升至 17.2％。华北、华东地区装机占比小幅下降，西南地区装机占比小幅上升。新中国成立以来我国发电装机地区分布如图 6-3 所示。

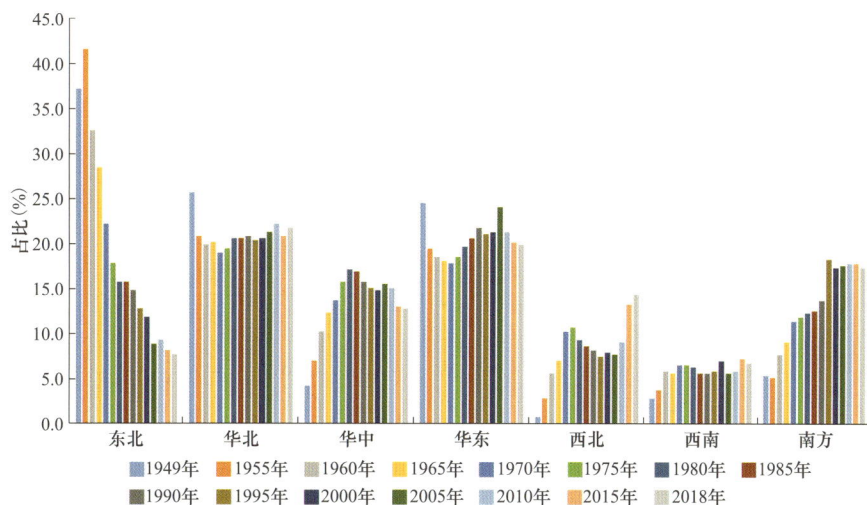

图 6-3  1949－2018 年全国发电装机地区分布

**我国火电分布和增长情况与煤炭分布和负荷中心分布密切相关**。由于煤炭资源丰富，华北地区火电装机占比长期维持第一，占全国火电装机容量的 25％以上。受地区经济发展导致电力需求大幅增加影响，华东地区自 20 世纪 80 年代起火电占比开始显著提升，南方地区自 20 世纪 90 年代起火电占比大幅增长，目前华东和南方地区火电占比分别居第二、第三位。西北地区火电占比自"十一五"以来显著增长，主要原因是特高压传输通道相继投运，西北电力外送能力大幅提升。华中、东北和西南地区火电占比均有不同程度下降。

**水电、风电和太阳能发电装机分布和增长情况与地区资源禀赋密切相关**。从水电装机来看，由于我国水电资源主要分布于西南地区，新中国成立以来西南和南方地区水电装机占比显著提升，2018 年南方地区水电装机占比已超过 1/3；与此同时，东北、华中、华东、西北地区水电装机占比则显著下降；受限于水资源匮乏，华北地区占比长期维持低位。从风电装机来看，我国风力资源主要分布于华北、西北和东北地区，2018 年华北、西北、东北地区风电装机合计占比超过 70%；南方、华东和华中地区风电装机占全国的比重分别为10.0%、8.9%和7.4%；西南地区占比最低，为 1.6%。从太阳能发电装机来看，华北、西北和华东占比最高，2018 年华北、西北、华东地区太阳能发电装机合计占比超过 70%；华中、南方和东北地区太阳能发电装机占全国的比重分别为 13.3%、7.5%和5.9%；西南地区占比最低，为 1.8%。

## 6.2 需求侧

### 6.2.1 用电量

**新中国成立以来，我国全社会用电量实现快速增长，增速高于装机容量增速**。1949 年我国全社会用电量仅为 43 亿 kW·h，2018 年全社会用电量已达 6.8 万亿 kW·h，年均增速 11.3%，高于装机容量增速 0.7 个百分点。

**我国全社会用电量规模屡上台阶，年均增量从亿千瓦时级增至千亿千瓦时级**。新中国成立初期，我国全社会用电量仅为十亿千瓦时级别，经过 5 年发展突破百亿千瓦时级别（1949－1954 年），经过 16 年发展突破千亿千瓦时级别（1954－1970 年），经过 26 年发展突破万亿千瓦时级别（1970－1996 年）。全社会用电量由 1 万亿 kW·h 增至 2 万亿 kW·h 用了 8 年（1996－2004 年），随后分别在 2007 年、2010 年、2013 年分别突破 3 万亿、4 万亿、5 万亿 kW·h。2017 年，全社会用电量突破 6 万亿 kW·h。全社会用电量年均增量从 20 世纪 50 年代亿千瓦时级别增长至 2000 年后千亿千瓦时级别。

**分阶段看，全社会用电量增速随国民经济发展而呈现阶段性波动趋势。**

新中国成立初期至1965 年，我国全社会用电量呈现高速增长态势，新中国成立初期（1949－1952 年）、"一五"（1953－1957 年）时期、"二五"（1958－1962 年）时期和国民经济调整时期（1963－1965 年）年均增速分别达到

22.2％、19.3％、18.5 和 15.9％，主要原因是社会主义建设全面开展及用电量基数较小。

"三五"（1966—1970 年）时期、"四五"（1971—1975 年）时期和"五五"（1976—1980 年）时期，随着我国工业化进程稳步推进，用电量保持快速增长，年均增速分别为 8.9％、10.1％和 9.8％。改革开放后，党和国家工作重心转移到经济建设上来，阻碍经济发展的体制问题逐渐解决，用电量增速在波动中上升，"六五"（1981—1985 年）时期、"七五"（1986—1990 年）时期和"八五"（1991—1995 年）时期，用电量年均增速分别为 6.5％、8.6％和 10.0％；"九五"（1996—2000 年）时期，受国际金融危机、国内经济增速减缓等因素影响，用电量年均增速降至 6.4％。"十五"（2001—2005 年）时期、"十一五"（2006—2010 年）时期，随着我国经济高速增长及西部大开发等国家战略的实施，用电量增速再次回升，年均增速分别达到 13.0％和 11.1％。进入"十二五"时期后，我国经济增速缓中趋稳，用电量增速随之回落，年均增速降至 6.3％左右。新中国成立以来我国全社会用电量增长情况如图 6-4 所示。

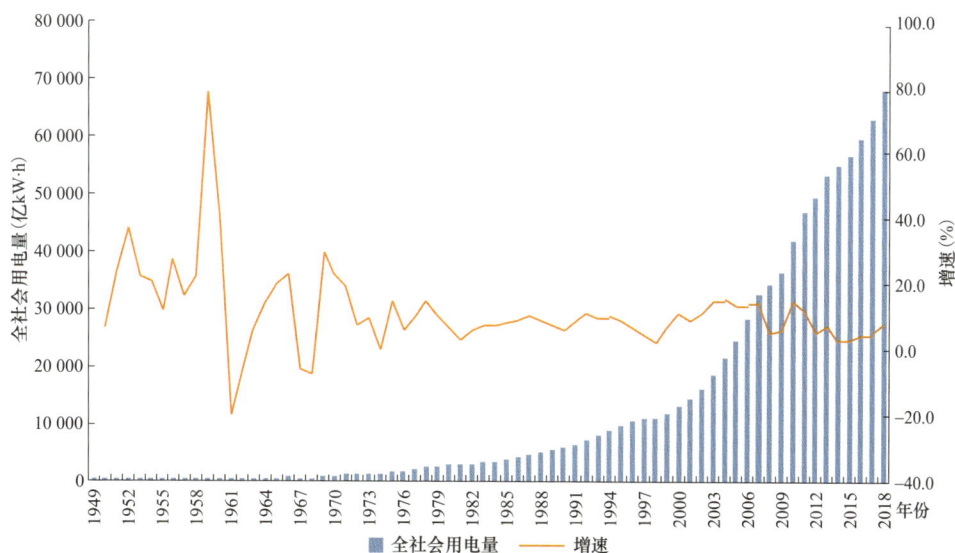

图 6-4　1949 年以来我国全社会用电量增长情况

## 6.2.2  用电结构

**新中国成立以来，我国用电结构发生了较大变化，第二产业用电占比波动下降，第三产业和居民用电占比波动上升。**

新中国成立初期，全国全社会用电量中工业用电占 48.8％，市政生活用电占 21.0％，农村用电占 0.4％，交通邮电用电占 0.4％，其余为厂用电和线损电量。1986 年，三次产业和居民生活用电占比分别为 5.5％、82.2％、7.1％和 5.2％，呈现鲜明的工业化特征。

1986 年以来，三次产业和城乡居民生活用电占比出现显著变化。分产业来看，**第一产业占比较小且呈逐年下降态势**，由 1986 年的 5.5％下降至 2018 年的 1.1％。**第二产业占比总体呈波动下降趋势**，"七五"（1986－1990 年）至"九五"（1996－2000 年）时期，随着我国第三产业和居民生活用电的快速增长，第二产业占比由 82％左右下降至 72％左右，降幅约 10 个百分点。"十五"（2001－2005 年）和"十一五"（2006－2010 年）时期，随着西部大开发、东北振兴等战略的实施，工业用电大幅增长，拉动第二产业用电占比小幅回升至 75％左右。进入"十二五"（2011－2015 年）时期后，随着供给侧结构性改革的深入推进，高耗能行业用电受到较大冲击，第二产业用电占比随之再次下降，进入"十三五"以来已降至 70％以下。与第二产业用电占比相对应，**第三产业和居民生活用电占比总体呈波动上升趋势**，第三产业用电占比从"七五"（1986－1990 年）初期的 7％左右上升至"九五"（1996－2000 年）末期的 11％左右，随后"十五"（2001－2005 年）和"十一五"（2006－2010 年）时期稳定在 10％～11％区间，"十二五"（2011－2015 年）时期后再次显著提升。居民生活用电占比从"七五"（1986－1990 年）初期的 5％左右上升至"九五"（1996－2000 年）末期的 12％左右，随后"十五"（2001－2005 年）和"十一五"（2006－2010 年）时期稳定在 11％～12％区间，"十二五"（2011－2015 年）时期后再次显著提升。2018 年，三次产业和居民生活用电占比分别为 1.1％、

69.0％、15.8％、14.1％。1986 年以来我国全社会用电结构变化如图 6 - 5
所示。

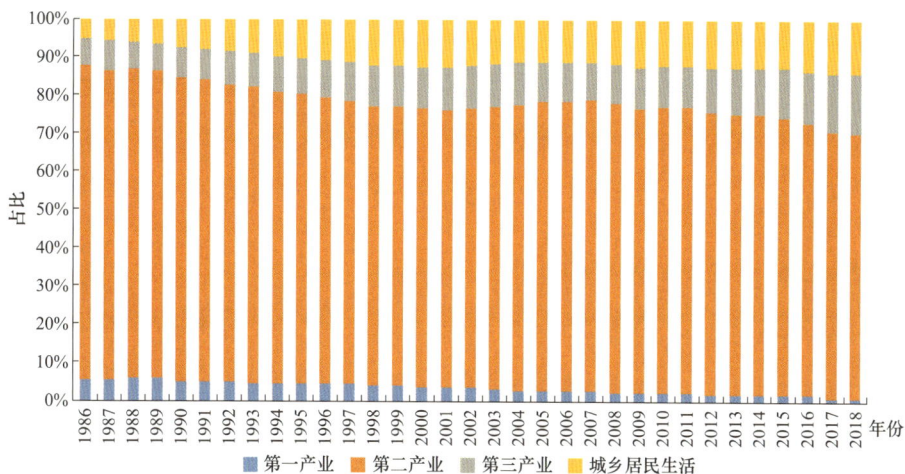

图 6 - 5　1986 年以来我国全社会用电结构变化

## 6.2.3　区域特征

新中国成立以来，我国各地区用电量均有显著增长，区域结构持续调整。

**从增速来看，除东北以外的其他地区用电量均呈高速增长态势，增速表现
与地区经济密切相关**。1958—2018 年，华北、华中、华东、西北、西南和南方
地区用电量年均增速较高，分别为 10.2％、11.0％、10.5％、12.1％、
10.5％和 12.8％，主要受各地区经济增长的拉动；东北地区用电量年均增速
仅为 6.5％，主要原因是改革开放后偏重的产业结构影响了地区经济转型升
级步伐。分阶段看，"六五"时期，各地区用电增速保持平稳，总体位于
4.8％～9.2％区间，其中南方地区用电增速最高（9.2％），东北地区用电增
速最低（4.8％）；"七五"至"八五"时期，在改革开放和社会主义现代化建
设深入推进的带动作用下，各地区用电增速均有不同程度上升，其中南方、
华东和华北地区上升幅度较大，分别为 6.4、4.3、3.9 个百分点。"九五"时
期，受经济环境和宏观调控影响，各地区用电增速出现不同程度回落，其中

东北、华中和西南地区用电年均增速回落至"六五"时期水平以下。"十五""十一五"时期，在我国经济高速增长的带动下，各地区用电增速再次显著回升，其中西北地区增速逐渐领跑全国。"十二五""十三五"时期，我国经济发展进入新常态，各地区用电增速再次大幅回落，南方、华东等经济发达地区用电增速回落显著。

**从占比来看，各地区用电占比与经济板块占比基本保持一致。**东北地区用电占比大幅下降，由 1958 年的 44.3％下降至 2018 年的 6.7％；华中、华东、西北和南方地区用电占比均有不同程度上升，2018 年用电占比相比于 1958年分别上升 5.5、6.7、6.9、13.3 个百分点；华北和西南地区用电占比基本保持稳定。分阶段看，改革开放后至 2000 年，市场经济最为活跃的南方和华东地区用电占比分别上升 8.1、3.2 个百分点，增长势头强劲，其余地区用电占比均有不同程度下降，其中东北地区降幅最大，达到 8.3 个百分点。"十五"和"十一五"时期，受西部大开发等战略拉动，西北、西南、华北地区用电占比由降转升。进入"十二五"后，西北地区用电占比继续显著上升，华北、西南和南方地区用电占比保持稳定。1958 年以来我国各区域用电占比如图 6-6 所示。

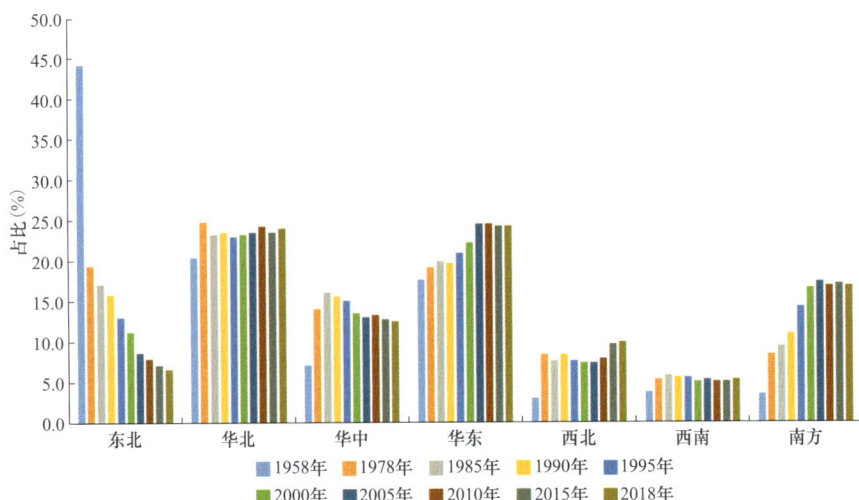

图 6-6  1958 年以来全国各区域用电占比

# 6.3  电力供需形势

新中国成立以来，电力供需形势呈现紧张与宽松阶段性更替的特点。

新中国成立初期，我国只有部分主要城市存在规模不大的发电厂和供电区，电网分布呈碎片化状态，并未形成结构完整的电力系统，电力供需呈现各供电区自给自足的格局。随着我国工业化进程的开启，电网规模由小变大，电压水平由低到高，电网联系由弱到强。我国大陆逐渐形成东北、华北、华东、华中、西北、西南和南方若干个跨省电网片区，电网呈现"西电东送、南北互供、全国联网"的格局。

70 年代初期，我国电力供需呈现供需紧张局面，部分城市长期面临缺电。改革开放后，电力工业发展进入新阶段，经过 20 多年的发展，进入"九五"时期后，我国电力供需紧张局面开始缓解，全国电力供需趋于平衡，部分地区出现盈余。

"十五"和"十一五"时期，我国经济持续快速增长，电力需求也随之呈高速增长态势，与此同时电源建设则相对滞后，造成华东、华中、华北、华南等多地均出现不同程度缺电情况，电力供需形势再次趋于紧张。

进入"十二五"以来，我国产业结构不断调整，经济呈现增长速度换挡期、结构调整阵痛期和前期刺激政策消化期"三期叠加"的阶段性特征，经济增速缓中趋稳。传统高耗能行业受供给侧结构性改革影响，对电力需求的拉动作用呈弱化态势，而新兴产业对电力需求的拉动作用尚待成长，受此影响，我国电力需求增速开始回落。这一时期，随着清洁能源高速发展，我国电力装机增长水平连续多年高于需求增长水平，全国电力供需呈现总体宽松、部分地区部分时段局部偏紧的局面。

分析新中国成立 70 年来我国电力供需的演变历程可以发现，电力工业的发展必须紧跟国民经济发展步伐，必须遵循电力供需客观规律。电力供应取决于电力需求，而电力需求则主要取决于国民经济发展水平。历史上电力供需形势阶段性波动都是由于电力供应与电力需求增长的不同步引发的。唯有充分考虑经济、政策、行业等各方面影响因素，准确把握电力需求未来增长趋势和增长特点，并根据电力需求合理稳步推进电源和电网建设，不断提升电网供电能力，才能保障我国电力工业平稳健康发展，有效支撑国民经济平稳运行。

# 7

专题 2——长三角中心城市经济与电力消费分析

长江三角洲城市群（简称"长三角城市群"）是我国经济最具活力、开放程度最高、创新能力最强、吸纳外来人口最多的区域之一，是"一带一路"与长江经济带的重要交汇地带，在国家现代化建设大局和全方位开放格局中具有举足轻重的战略地位。

长三角城市群在上海市、江苏省、浙江省、安徽省范围内，由以上海为核心、联系紧密的多个城市组成，主要分布于国家"两横三纵"城市化格局的优化开发和重点开发区域。规划范围包括：上海，江苏省的南京、无锡、常州、苏州、南通、盐城、扬州、镇江、泰州，浙江省的杭州、宁波、嘉兴、湖州、绍兴、金华、舟山、台州，安徽省的合肥、芜湖、马鞍山、铜陵、安庆、滁州、池州、宣城等 26 市。

2019 年政府工作报告提出将"长三角区域一体化发展上升为国家战略"，这将对长三角区域的用电水平产生深远影响。本专题首先对长三角城市发展情况进行简要分析，随后选取典型经济指标和用电指标对长三角中心城市进行对比分析，梳理长三角中心城市经济与电力主要发展特点。

# 7.1 长三角城市发展基本情况

依据《长江三角洲城市群发展规划》，到 2020 年，长三角基本形成经济充满活力、高端人才汇聚、创新能力跃升、空间利用集约高效的世界级城市群框架，人口和经济密度进一步提高，在全国 2.2％的国土空间上集聚 11.8％的人口和 21％的地区生产总值。

依据主体功能区规划，按照国土开发强度、发展方向及人口集聚和城乡建设的适宜程度，将国土空间划分为优化开发区域、重点开发区域、限制开发区域三种类型。

优化开发区域，是指资源环境承载能力出现阶段性饱和的地区，主要分布在上海、苏南、环杭州湾等地区。要率先转变空间开发模式，严格控制新增建设用地规模和开发强度，适度扩大农业和生态空间。

重点开发区域，是指资源环境承载能力还具有较大潜力的地区，主要分布在苏中、浙中、皖江、沿海部分地区。要强化产业和人口集聚能力，适度扩大产业和城镇空间，优化农村生活空间，严格保护绿色生态空间。

限制开发区域，是指生态敏感性较强、资源环境承载能力较低的地区，主要分布在苏北、皖西、浙西等部分地区。要严格控制新增建设用地规模，实施城镇点状集聚开发，加强水资源保护、生态修复与建设，维护生态系统结构和功能稳定。

根据对长三角城市主体功能区的规划、不同城市之间开发程度的区分，对城市人口的发展形势预判也随之有所区别，总体有如下特征：

（1）严格控制上海中心城区人口规模。上海虽属于优化开发区，但由于其人口规模已相对较大，因此合理确定人口调控目标、调整人口存量、疏解调控人口增量、优化公共服务资源配置以引导人口合理分布等成为首要任务。

（2）适度控制其他优化开发区域人口过快增长。强化对特大城市等优化开发区域与周边中小城市的联动发展，推动人口合理分布，通过产业升级和功能疏解等方式，有效控制人口过快集聚。

（3）引导人口加快向重点开发区域集聚。合肥、南通、扬州、泰州、宁波、绍兴、台州、芜湖、马鞍山、滁州、宣城等城市，要积极发展特色产业，有效承接产业转移，合理布局产业空间，促进产城融合，提升公共产品和公共服务水平，营造宜居环境，提高人口吸引集聚能力。

## 7.2　长三角中心城市经济电力发展对比

《长江三角洲城市群发展规划》中指出，当前长三角城市群发展质量相对较低，城市间分工协作不够。因此规划提出，按照打造世界级城市群核心城市的要求，加快提升上海核心竞争力和综合服务功能，加快建设具有全球影响力的科技创新中心，推动非核心功能疏解，推进与苏州、无锡、南通、宁波、嘉兴、舟山等周边城市协同发展，引领长三角城市群一体化发展，提升服务长江经济带和"一带一路"等国家战略的能力。

依据国家对长三角地区的规划，上海是区域的核心城市，致力于成为世界级的科技创新中心；南京是区域性创新创业高地和金融商务服务集聚区；杭州是国家自主创新示范区和跨境电子商务综合试验区；宁波是国际航运服务基地和国际贸易物流中心；苏州是先进制造业和现代服务业集聚区，区域内协作互动将进一步提高核心城市的影响力。上海核心区的人口也会出现外溢，承接地主要是上海外环外区域。此外，由于长三角区域内都是经济发达、产业基础强的城市，核心城市间的互联互通也将促进其他城市的发展。

发挥上海龙头带动的核心作用和区域中心城市的辐射带动作用，依托交通运输网络培育形成多级多类发展轴线，推动南京都市圈、杭州都市圈、合肥都市圈、苏锡常都市圈、宁波都市圈的同城化发展，是未来长三角地区发展的重要工作。因此，本节将进行长三角中心城市南京、苏州、杭州、宁波、合肥与上海在经济、电力方面的对比，充分了解各核心城市发展的薄弱与优势。

## 7.2.1 经济分析

选取长三角中心城市 GDP、人口总量及人均 GDP 水平进行对比分析，经济数据均折算至 2010 年不变价。

（一）GDP 对比

1997—2018 年上海与长三角其他中心城市 GDP（2010 年价）发展情况见表 7-1。

为了更直观地对比展示各城市 1997—2018 年期间的 GDP 和 GDP 增长率情况，绘制折线图，如图 7-1 所示。

表 7 - 1          1997－2018 年上海与长三角其他中心城市 GDP

（2010 年价）对比          亿元人民币

| 年份 | 上海 | 南京 | 苏州 | 杭州 | 宁波 | 合肥 |
|------|------|------|------|------|------|------|
| 1997 | 4273 | 1009 | 1634 | 1273 | 1113 | 386 |
| 1998 | 4705 | 1128 | 1848 | 1415 | 1236 | 435 |
| 1999 | 5184 | 1247 | 2072 | 1560 | 1372 | 488 |
| 2000 | 5743 | 1401 | 2333 | 1747 | 1537 | 547 |
| 2001 | 6345 | 1556 | 2620 | 1960 | 1723 | 630 |
| 2002 | 7065 | 1755 | 3000 | 2219 | 1951 | 734 |
| 2003 | 7931 | 2019 | 3540 | 2556 | 2255 | 858 |
| 2004 | 9061 | 2368 | 4163 | 2939 | 2604 | 1008 |
| 2005 | 10 094 | 2725 | 4800 | 3321 | 2925 | 1185 |
| 2006 | 11 376 | 3137 | 5559 | 3796 | 3322 | 1397 |
| 2007 | 13 106 | 3629 | 6454 | 4350 | 3811 | 1658 |
| 2008 | 14 377 | 4069 | 7305 | 4829 | 4203 | 1952 |
| 2009 | 15 563 | 4536 | 8146 | 5312 | 4569 | 2299 |
| 2010 | 17 166 | 5131 | 9229 | 5949 | 5163 | 2702 |
| 2011 | 18 574 | 5746 | 10 336 | 6550 | 5695 | 3118 |
| 2012 | 19 959 | 6419 | 11 380 | 7140 | 6122 | 3542 |
| 2013 | 21 504 | 7125 | 12 473 | 7711 | 6618 | 3949 |
| 2014 | 23 009 | 7844 | 13 508 | 8343 | 7121 | 4344 |
| 2015 | 24 606 | 8574 | 14 521 | 9194 | 7690 | 4800 |
| 2016 | 26 304 | 9260 | 15 610 | 10 077 | 8236 | 5270 |
| 2017 | 28 119 | 10 010 | 16 719 | 10 883 | 8879 | 5718 |
| 2018 | 29 975 | 10 811 | 17 889 | 11 612 | 9500 | 6204 |

注　数据来源于国家统计局与各市统计局。

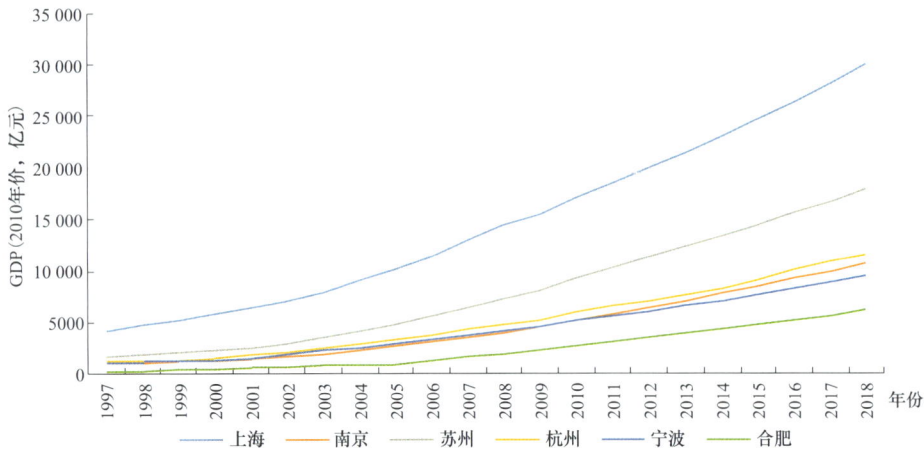

图 7‑1　1997－2018 年长三角中心城市 GDP（2010 年价）对比

由图 7‑1 可见，各城市 GDP 发展趋势一致，均保持逐年上升态势。2018年，上海、南京、苏州、杭州、宁波、合肥的 GDP 分别是 1997 年水平的7.01、10.72、10.95、9.12、8.54、16.06 倍，合肥增长幅度最大，苏州与南京其次，杭州与宁波紧随其后，上海 GDP 虽然远高于其他对比城市，但是 20年间的增长幅度是所有对比城市中最小的，这主要是因为各城市发展程度与阶段不同。截至 2018 年，长三角其他中心城市发展最好的苏州的 GDP 为上海GDP 的 59.68%，这一比例比 1997 年的 38.25% 上升了 21.43 个百分点，具体数据见表 7‑2。

表 7‑2　　　　　　　长三角其他中心城市 GDP 与上海 GDP 的比例

| 城市 | 南京 | 苏州 | 杭州 | 宁波 | 合肥 |
|---|---|---|---|---|---|
| 2018 年占上海 GDP 的比例（%） | 36.07 | 59.68 | 38.74 | 31.69 | 20.70 |
| 1997 年占上海 GDP 的比例（%） | 23.60 | 38.25 | 29.78 | 26.04 | 9.04 |
| 涨幅（个百分点） | 12.46 | 21.43 | 8.96 | 5.65 | 11.66 |

对比上海与长三角其他中心城市的 GDP（2010 年价）增速如图 7‑2 所示。

从 GDP 增速可以看出，合肥自 2001 年至 2013 年间 GDP 高速增长，涨幅明显高于同期其他对比城市，在 2007 年达到增速顶点 18.7%，此后逐步趋缓；

苏州GDP增速也相对较高，但在2010年之后，增幅快速收窄，至2018年，已低于同期合肥、南京、宁波的增速，仅高于上海0.4个百分点。以上所有对比城市的GDP增速自2001年开始逐步升高，在2003－2007年间增速均达到顶峰，随后整体呈回落趋势。

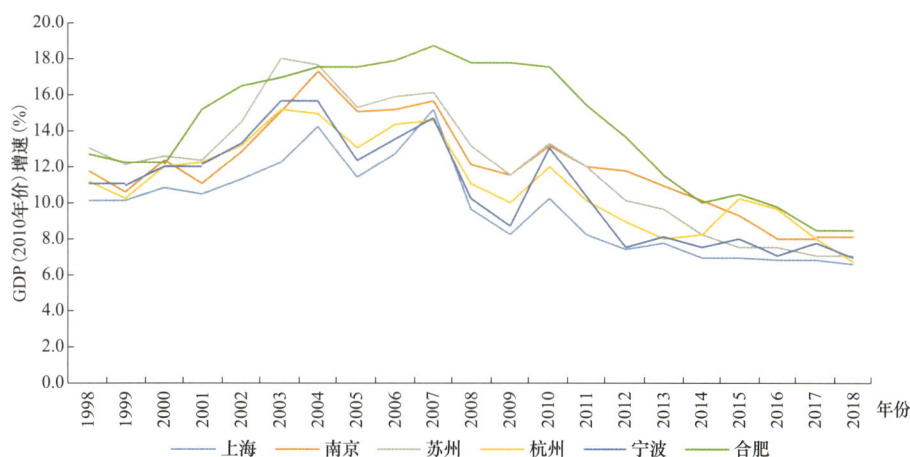

图7-2　上海与长三角其他中心城市GDP（2010年价）增速对比

## （二）人口总量对比

为统一口径，人口总量的对比选用常住人口，比较上海与长三角其他中心城市的人口总量如图7-3所示。

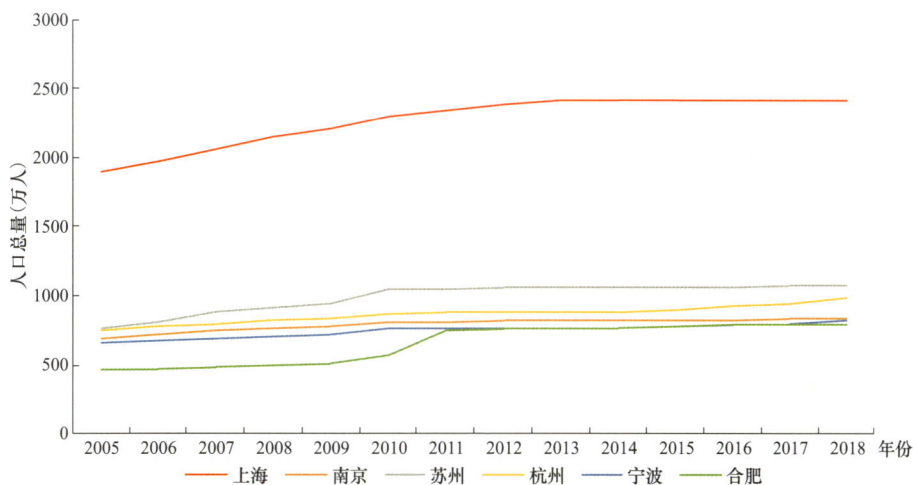

图7-3　上海与长三角其他中心城市人口总量对比

根据图 7-3，上海的常住人口数量远远大于其他对比城市，2018 年上海人口总量分别是南京、苏州、杭州、宁波、合肥的 2.87、2.26、2.47、2.96、3.00 倍。各城市在 2018 年的人口总量相比 2005 年的倍数分别是：上海 1.28 倍，南京 1.22 倍，苏州 1.42 倍，杭州 1.31 倍，宁波 1.25 倍，合肥 1.75 倍，可以看到整体增长幅度差异不大，其中合肥增长倍数高于其他城市的主要原因是，在 2011 年行政区划进行调整，新增庐江县和巢湖市，导致当年人口增速达到 31.76%。

上海与长三角其他中心城市人口总量增速对比如图 7-4 所示。

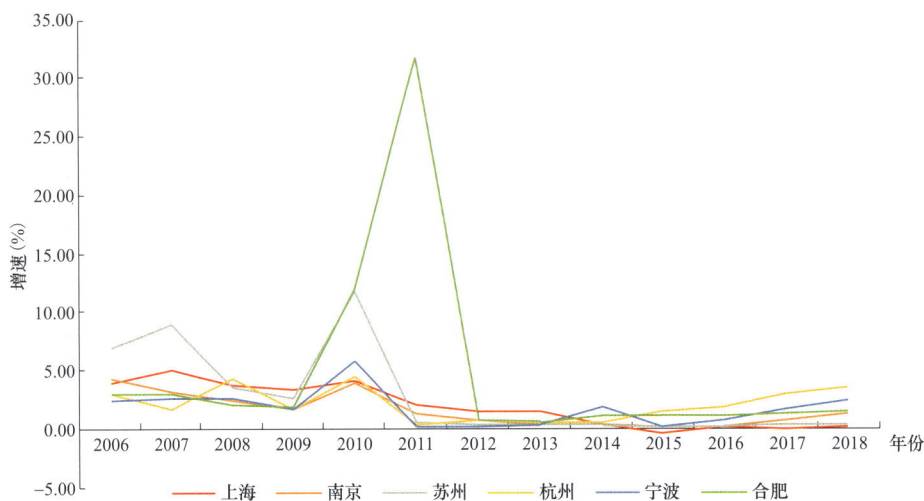

图 7-4　上海与长三角其他中心城市人口总量增速对比

从各城市人口总量增速来看，除了合肥在 2011 年由于行政区域的调整导致人口大幅增长的情况，各城市的增速差异不大，且各地均在 2010 年出现了人口增长的高峰点。其中，苏州在 2006—2010 年间增速较高，尤其体现在 2006 年、2007 年与 2010 年；而上海则在 2015 年与 2017 年分别出现了不同幅度的负增长。

（三）人均 GDP 对比

上海与长三角其他中心城市人均 GDP 对比如图 7-5 所示。为了统一单位，数据已折算至 2010 年不变价，人均 GDP 单位统一为元/人。

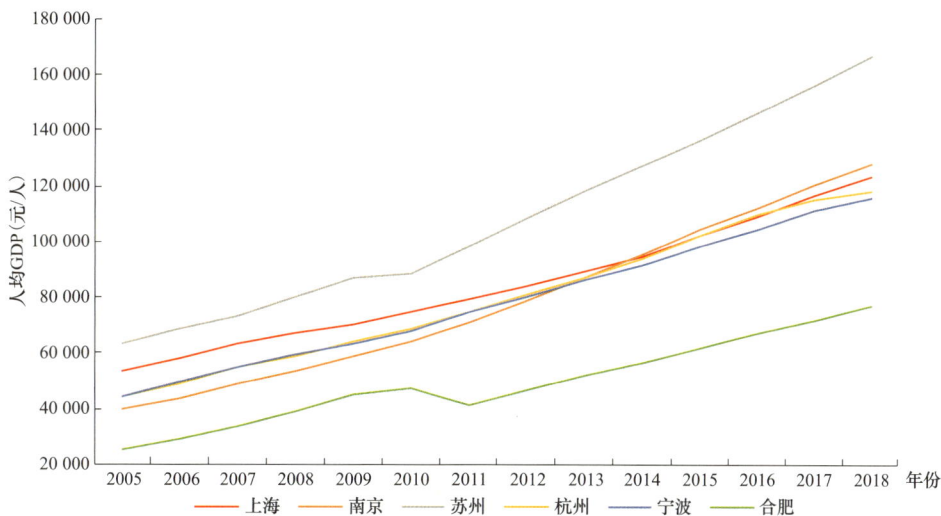

图7-5 上海与长三角其他中心城市人均GDP（2010年价）对比

结合本节前部分的分析，上海GDP总量大幅度高于其他对比城市，但由于其常住人口数量领先幅度更大，导致其人均GDP相对其他城市并未体现出优势。从人均GDP来看，苏州一马当先，2018年增加至2005年的2.63倍，在2018年达到了16.68万元（2010年价）；南京在对比期内的GDP增长最为迅猛，2018年增长至2005年的3.24倍，并在2017年超越了上海；上海则是在对比期内GDP增长最缓慢的，上海2018年人均GDP为2005年的2.32倍；杭州和宁波2018年人均GDP相比2005年分别上升至2.68倍和2.60倍，且逐渐逼近上海，预计在未来不久可实现反超；合肥虽然在人均GDP绝对量上与其他城市相比排名较后，但是2018年增长至2005年的3.00倍，期间在2011年由于城市规划调整导致统计的人口大幅增长，人均GDP有波动。

上海与长三角其他中心城市人均GDP（2010年价）增速对比如图7-6所示。

从增速来看，合肥在2010年以前GDP增速一直遥遥领先，在2011年经历城市规划调整出现波动后，自2012年起增速开始回落，但总体在所有对比城市中仍保持领先；可以看出，人均GDP整体增速与各城市在对比期内的增长倍

115

数相对应，南京历年的增速均处于较高速状态，而上海的增速曲线则在最底端。

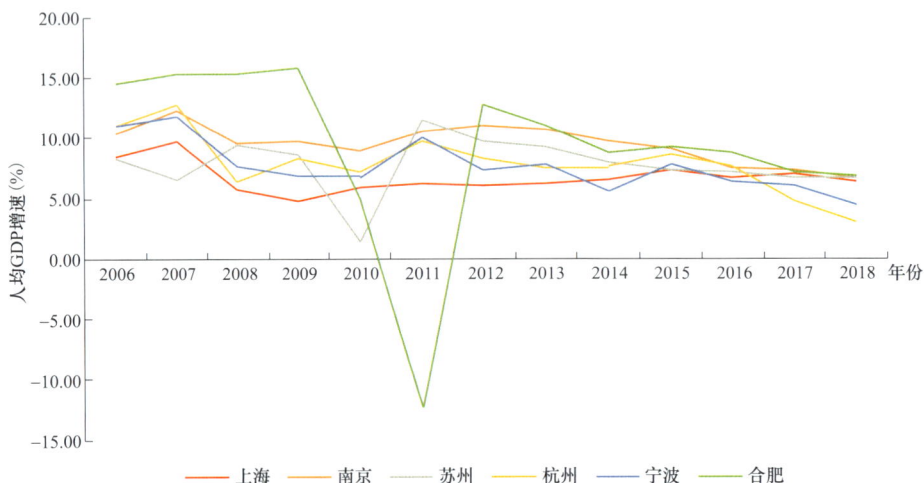

图 7-6　上海与长三角其他中心城市人均 GDP（2010 年价）增速对比

## 7.2.2　用电分析

对用电指标的对比，选择全社会用电量与最大负荷为主要指标，结合各城市人口容量与占地面积，计算得到人均电量、电量密度、人均负荷与负荷密度四个指标进行现状分析。

（一）全社会用电量对比

选取上海与长三角其他中心城市进行全社会用电量对比，如图 7-7 所示。

由图 7-7 观察各城市全社会用电量发展情况，在用电量水平上，上海始终处于领先地位，苏州其次，且两地差距逐渐减小，到 2018 年已基本接近，达到 1560 亿 kW·h 左右，按照这样的趋势发展，苏州会在短时间内超越上海的用电量；杭州、宁波用电量水平较接近，2018 年均达到 780 亿 kW·h 左右；其次是南京，在对比期的初期与宁波用电量相近，且高于后者，而到 2018 年用电量仅为 606 亿 kW·h 左右，增速相对较小；合肥用电量是所有对比城市中最低的，2018 年仅为 345 亿 kW·h 左右。

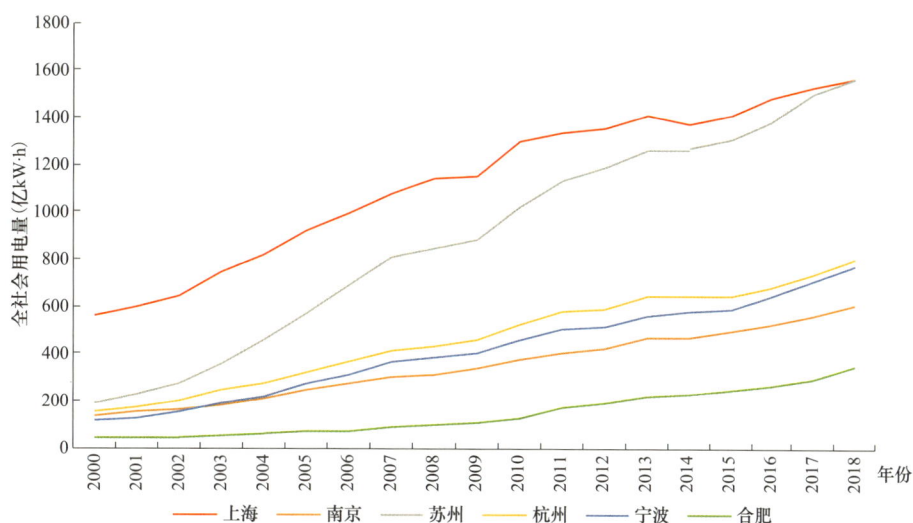

图 7-7　上海与长三角其他中心城市全社会用电量对比

从整个对比期内的用电量增幅来看，上海、南京、苏州、杭州、宁波、合肥在 2018 年分别增长至 2000 年的 2.80、4.40、8.22、5.35、6.83、8.86 倍，其中上海用电量体量最大，但增幅最小，而合肥年用电量体量最小，但增幅最大。长三角其他中心城市对比期始末年份用电量与上海用电量的比例情况见表 7-3。

表 7-3　　　　　　　　长三角其他中心城市用电量与上海的比例情况

| 城市 | 南京 | 苏州 | 杭州 | 宁波 | 合肥 |
|---|---|---|---|---|---|
| 2018 年占上海用电量的比例（%） | 38.71 | 99.73 | 50.87 | 49.49 | 22.01 |
| 2000 年占上海用电量的比例（%） | 24.62 | 33.97 | 26.64 | 20.29 | 6.95 |
| 涨幅（个百分点） | 14.08 | 65.76 | 24.23 | 29.20 | 15.06 |

由表 7-3 可以看到，除苏州已基本达到与上海同等的用电量水平之外，其余城市均处于对比范围的"第二梯队"。其中，杭州与宁波当前用电量水平仅为上海的一半左右，但两地这一比例的涨幅分别达到 24.23、29.20 个百分点，相对较大；南京、合肥与上海相比，用电量水平差距较大，相对涨幅也较小，分别为 14.08、15.06 个百分点。

上海与长三角其他中心城市全社会用电量增速对比如图 7-8 所示。

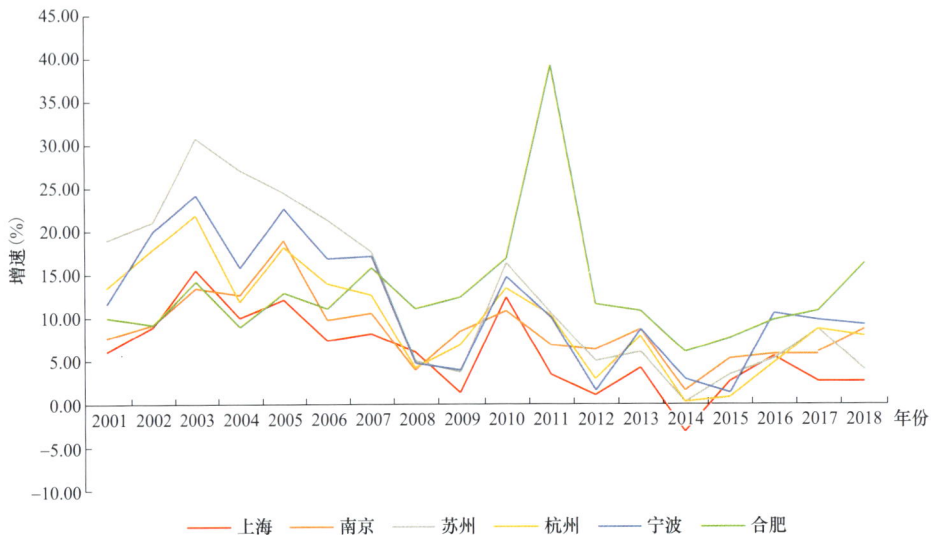

图 7-8　上海与长三角其他中心城市全社会用电量增速对比

从用电增速来看，2010 年之前，苏州用电增速明显高于其他对比城市，宁波其次，2010 年之后各城市用电增速基本相差不大。合肥在 2011 年进行了城市规划调整，新增地区用电量导致当年用电量增速统计值出现异常尖峰。

结合各城市人口总量，计算并对比人均用电量如图 7-9 所示。

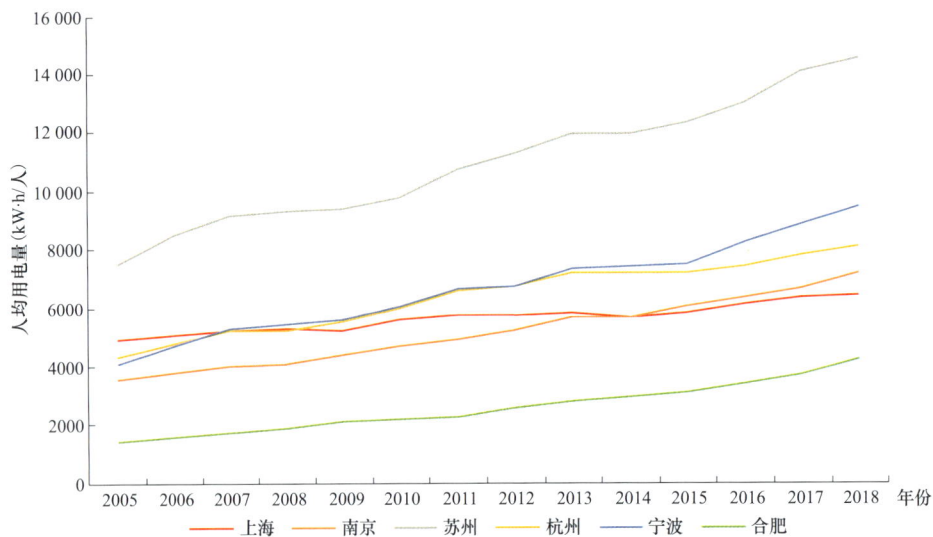

图 7-9　上海与长三角其他中心城市人均用电量对比

由于产业结构的差异，苏州的人均用电量大幅度领先于其他对比城市，且持续增长，至 2018 年达到 14 573kW•h/人，远高于同期纽约、东京、中国香港、新加坡等城市地区水平；宁波与杭州整体发展趋势类似，自 2015 年后宁波增速明显高于杭州，在 2018 年两地分别达到 9452kW•h/人和 8128kW•h/人，与同期的新加坡人均用电量水平接近；上海人均用电量的整体增幅较小，在 2014 年被南京实现反超，两地人均用电量在 2018 年分别达到 6464kW•h/人和 7188kW•h/人；合肥城市规模略小，人均用电量在 2018 年达到 4264kW•h/人，与南京 2009 年、杭州 2005 年的水平相近。

结合各城市占地面积，计算并对比电量密度如图 7-10 所示。

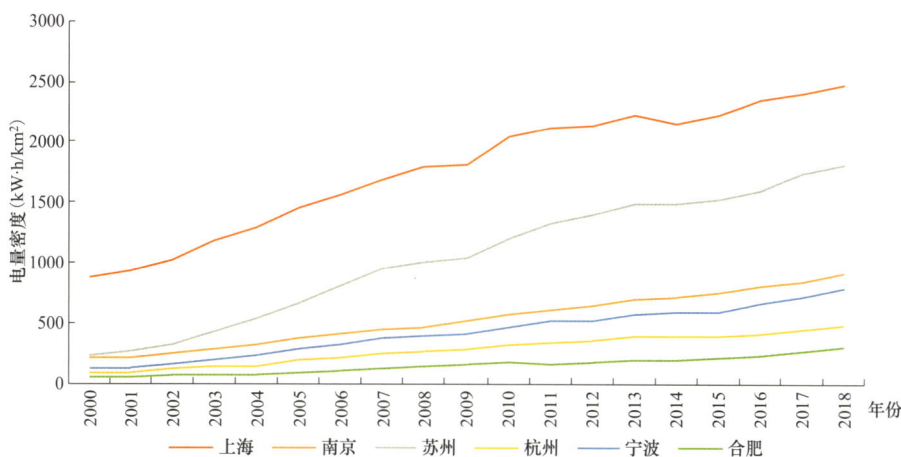

图 7-10　上海与长三角其他中心城市电量密度对比

从电量密度来看，上海仍处于较大幅度的领先地位，苏州其次，其余对比城市按照电量密度水平大小依次为南京、宁波、杭州、合肥；从增长幅度来看，苏州增幅最大，2018 年电量密度是 2000 年的 8.06 倍，其次是宁波，达到 6.52 倍，杭州与合肥增幅相近，2018 年两地数值分别是 2000 年的 5.35 倍与 5.63 倍，南京以 4.41 倍紧随其后，上海 2018 年电量密度为 2000 年的 2.80 倍。

**（二）最大负荷对比**

选取上海与长三角其他中心城市进行用电最大负荷对比，如图 7-11 所示。

119

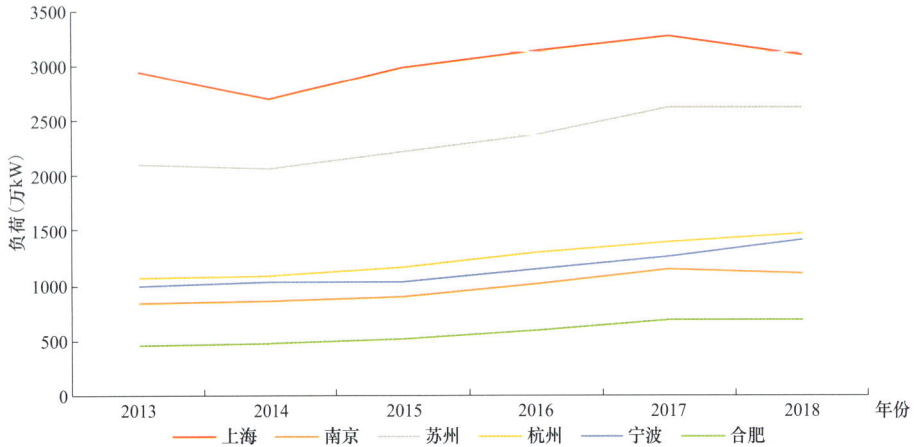

图 7-11　上海与长三角其他中心城市最大负荷对比

各城市最大负荷由大到小排序为上海、苏州、杭州、宁波、南京、合肥。其中，上海与苏州远大于其他对比城市，在 2018 年分别达到 3094 万、2633 万 kW，从趋势上来看，苏州比上海增长强劲；杭州与宁波最大负荷较为接近，在 2014 年之后杭州显现出明显的优势；南京最大负荷仅次于宁波；合肥最大负荷水平在对比城市中最低，在 2018 年达到 696 万 kW。

结合各城市占地面积，计算得到负荷密度如图 7-12 所示。

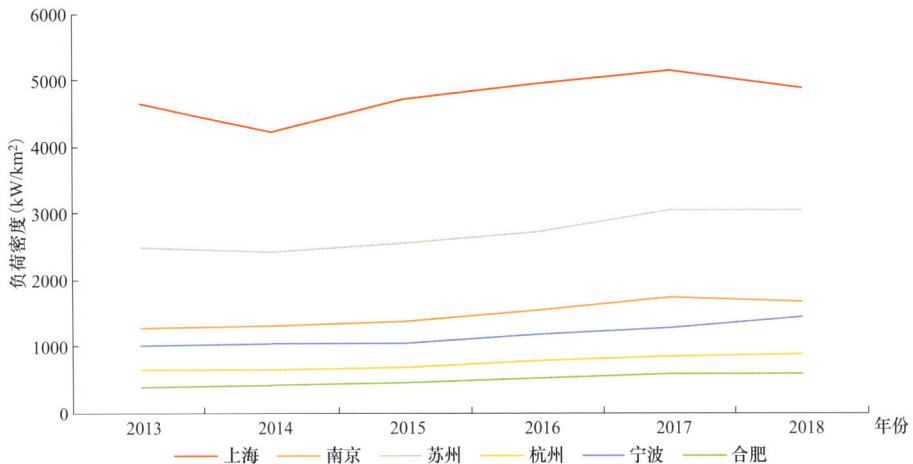

图 7-12　上海与长三角其他中心城市负荷密度对比

　　各城市负荷密度水平由大到小排列依次为上海、苏州、南京、宁波、杭州、宁波。最大负荷排在前两位的上海与苏州，负荷密度同样大幅度领先于其他对比城市；而最大负荷相对较高的杭州，负荷密度水平却仅仅高于合肥，相反南京负荷密度则领先于宁波。

# 附录　全国及各地区电力经济数据

| 附表 1 | | | | 全国及各省（区、市）国民生产总值 | | | | | | 亿元（当年价） | | |
|---|---|---|---|---|---|---|---|---|---|---|---|---|
| 年份 | 1995 | 2000 | 2005 | 2010 | 2011 | 2012 | 2013 | 2014 | 2015 | 2016 | 2017 | 2018 |
| 全国 | 60 794 | 99 215 | 184 937 | 401 513 | 489 301 | 540 367 | 595 244 | 643 974 | 685 506 | 744 127 | 827 121 | 900 309 |
| 北京 | 1395 | 3161 | 6970 | 14 114 | 16 252 | 17 879 | 19 801 | 21 331 | 23 015 | 24 899 | 28 000 | 30 320 |
| 天津 | 920 | 1702 | 3906 | 9225 | 11 307 | 12 894 | 14 442 | 15 727 | 16 538 | 17 885 | 18 595 | 18 810 |
| 河北 | 2850 | 5044 | 10 012 | 20 394 | 24 516 | 26 575 | 28 443 | 29 421 | 29 806 | 31 828 | 35 964 | 36 010 |
| 山西 | 1092 | 1846 | 4231 | 9201 | 11 238 | 12 113 | 12 665 | 12 761 | 12 766 | 12 928 | 14 974 | 16 818 |
| 内蒙古 | 833 | 1539 | 3905 | 11 672 | 14 360 | 15 881 | 16 917 | 17 770 | 17 832 | 18 633 | 16 103 | 17 289 |
| 辽宁 | 2793 | 4669 | 8047 | 18 457 | 22 227 | 24 846 | 27 213 | 28 627 | 28 669 | 22 038 | 23 942 | 25 315 |
| 吉林 | 1129 | 1952 | 3620 | 8668 | 10 569 | 11 939 | 13 046 | 13 803 | 14 063 | 14 886 | 15 289 | 15 075 |
| 黑龙江 | 2015 | 3151 | 5514 | 10 369 | 12 582 | 13 692 | 14 455 | 15 039 | 15 084 | 15 386 | 16 200 | 16 362 |
| 上海 | 2463 | 4771 | 9248 | 17 166 | 19 196 | 20 182 | 21 818 | 23 568 | 25 123 | 27 466 | 30 134 | 32 680 |
| 江苏 | 5155 | 8554 | 18 599 | 41 426 | 49 110 | 54 058 | 59 753 | 65 088 | 70 116 | 76 086 | 85 901 | 92 595 |
| 浙江 | 3525 | 6141 | 13 418 | 27 722 | 32 319 | 34 665 | 37 757 | 40 173 | 42 886 | 46 465 | 51 768 | 56 197 |
| 安徽 | 2004 | 2902 | 5350 | 12 359 | 15 301 | 17 212 | 19 229 | 20 849 | 22 006 | 24 118 | 27 519 | 30 007 |
| 福建 | 2161 | 3765 | 6555 | 14 737 | 17 560 | 19 702 | 21 868 | 24 056 | 25 980 | 28 519 | 32 298 | 35 804 |
| 江西 | 1205 | 2003 | 4057 | 9451 | 11 703 | 12 949 | 14 410 | 15 715 | 16 724 | 18 364 | 20 819 | 21 985 |
| 山东 | 5002 | 8337 | 18 367 | 39 170 | 45 362 | 50 013 | 55 230 | 59 427 | 63 002 | 67 008 | 72 678 | 76 470 |
| 河南 | 3003 | 5053 | 10 587 | 23 092 | 26 931 | 29 599 | 32 191 | 34 938 | 37 002 | 40 160 | 44 988 | 48 056 |
| 湖北 | 2391 | 3545 | 6590 | 15 968 | 19 632 | 22 250 | 24 792 | 27 379 | 29 550 | 32 298 | 36 523 | 39 367 |
| 湖南 | 2196 | 3551 | 6596 | 16 038 | 19 670 | 22 154 | 24 622 | 27 037 | 28 902 | 31 245 | 34 591 | 36 426 |
| 广东 | 5382 | 10 741 | 22 557 | 46 013 | 53 210 | 57 068 | 62 475 | 67 810 | 72 813 | 79 512 | 89 879 | 97 278 |
| 广西 | 1498 | 2080 | 3984 | 9570 | 11 721 | 13 035 | 14 450 | 15 673 | 16 803 | 18 245 | 20 396 | 20 353 |
| 海南 | 364 | 527 | 898 | 2065 | 2523 | 2856 | 3178 | 3501 | 3703 | 4045 | 4463 | 4832 |
| 重庆 | 1009 | 1603 | 3468 | 7926 | 10 011 | 11 410 | 12 783 | 14 263 | 15 717 | 17 559 | 19 500 | 20 363 |

续表

| 年份 | 1995 | 2000 | 2005 | 2010 | 2011 | 2012 | 2013 | 2014 | 2015 | 2016 | 2017 | 2018 |
|---|---|---|---|---|---|---|---|---|---|---|---|---|
| 四川 | 3534 | 3928 | 7385 | 17 186 | 21 027 | 23 873 | 26 392 | 28 537 | 30 053 | 32 681 | 36 980 | 40 678 |
| 贵州 | 630 | 1030 | 2005 | 4602 | 5702 | 6852 | 8087 | 9266 | 10 503 | 11 734 | 13 541 | 14 806 |
| 云南 | 1207 | 2011 | 3462 | 7224 | 8893 | 10 309 | 11 832 | 12 815 | 13 619 | 14 870 | 16 531 | 17 881 |
| 西藏 | 56 | 118 | 249 | 508 | 606 | 701 | 816 | 921 | 1026 | 1150 | 1311 | 1478 |
| 陕西 | 1000 | 1804 | 3934 | 10 124 | 12 512 | 14 454 | 16 205 | 17 690 | 18 022 | 19 165 | 21 899 | 24 438 |
| 甘肃 | 553 | 1053 | 1934 | 4121 | 5020 | 5650 | 6331 | 6837 | 6790 | 7152 | 7677 | 8246 |
| 青海 | 165 | 264 | 543 | 1350 | 1670 | 1894 | 2122 | 2303 | 2417 | 2572 | 2643 | 2865 |
| 宁夏 | 170 | 295 | 613 | 1690 | 2102 | 2341 | 2578 | 2752 | 2912 | 3150 | 3454 | 3705 |
| 新疆 | 825 | 1364 | 2604 | 5438 | 6610 | 7505 | 8444 | 9273 | 9325 | 9617 | 10 920 | 12 199 |

数据来源：国家统计局；电力供需实验室数据库。

附表 2　　　　　全国及各省（区、市）国内生产总值指数

| 年份 | 1995 | 2000 | 2005 | 2010 | 2011 | 2012 | 2013 | 2014 | 2015 | 2016 | 2017 | 2018 |
|---|---|---|---|---|---|---|---|---|---|---|---|---|
| 全国 | 110.5 | 108.4 | 111.3 | 110.4 | 109.5 | 107.9 | 107.8 | 107.3 | 106.9 | 106.7 | 106.9 | 106.6 |
| 北京 | 112.4 | 111.8 | 112.1 | 110.3 | 108.1 | 107.7 | 107.7 | 107.3 | 106.9 | 106.7 | 106.7 | 106.6 |
| 天津 | 114.9 | 110.8 | 114.9 | 117.4 | 116.4 | 113.8 | 112.5 | 110.0 | 109.3 | 109 | 103.6 | 103.6 |
| 河北 | 113.9 | 109.5 | 113.4 | 112.2 | 111.3 | 109.6 | 108.2 | 106.5 | 106.8 | 106.8 | 106.7 | 106.6 |
| 山西 | 110.5 | 109.4 | 113.5 | 113.9 | 113.0 | 110.1 | 108.9 | 104.9 | 103.1 | 104.5 | 107 | 106.7 |
| 内蒙古 | 109.1 | 110.8 | 123.8 | 115.0 | 114.3 | 111.5 | 109.0 | 107.8 | 107.7 | 107.2 | 104 | 105.3 |
| 辽宁 | 107.1 | 108.9 | 112.7 | 114.2 | 112.2 | 109.5 | 108.7 | 105.8 | 103.0 | 97.5 | 104.2 | 105.7 |
| 吉林 | 109.7 | 109.2 | 112.1 | 113.8 | 113.8 | 112.0 | 108.3 | 106.5 | 106.5 | 106.9 | 105.3 | 104.5 |
| 黑龙江 | 109.6 | 108.2 | 111.6 | 112.7 | 112.3 | 110.0 | 108.0 | 105.8 | 105.7 | 106.1 | 106.4 | 104.7 |
| 上海 | 114.1 | 111.0 | 111.4 | 110.3 | 108.2 | 107.5 | 107.7 | 107.0 | 106.9 | 106.8 | 106.9 | 106.6 |
| 江苏 | 115.4 | 110.6 | 114.5 | 112.7 | 111.0 | 110.1 | 109.6 | 108.7 | 108.5 | 107.8 | 107.2 | 106.7 |
| 浙江 | 119.8 | 111.0 | 112.8 | 111.9 | 109.0 | 108.0 | 108.2 | 107.6 | 108.0 | 107.5 | 107.8 | 107.1 |
| 安徽 | 114.4 | 108.3 | 111.0 | 114.6 | 113.5 | 112.1 | 110.4 | 109.2 | 108.7 | 108.7 | 108.5 | 108.0 |
| 福建 | 115.1 | 109.3 | 111.6 | 113.9 | 112.3 | 111.4 | 111.0 | 109.9 | 109.0 | 108.4 | 108.1 | 108.3 |
| 江西 | 106.8 | 108.0 | 112.8 | 114.0 | 112.5 | 111.0 | 110.1 | 109.7 | 109.1 | 109 | 108.9 | 108.7 |
| 山东 | 114.2 | 110.3 | 115.0 | 112.3 | 110.9 | 109.8 | 109.6 | 108.7 | 108.0 | 107.6 | 107.4 | 106.4 |
| 河南 | 114.8 | 109.5 | 114.2 | 112.5 | 111.9 | 110.1 | 109.0 | 108.9 | 108.3 | 108.1 | 107.8 | 107.6 |

123

续表

| 年份 | 1995 | 2000 | 2005 | 2010 | 2011 | 2012 | 2013 | 2014 | 2015 | 2016 | 2017 | 2018 |
|---|---|---|---|---|---|---|---|---|---|---|---|---|
| 湖北 | 114.6 | 108.6 | 112.1 | 114.8 | 113.8 | 111.3 | 110.1 | 109.7 | 108.9 | 108.1 | 107.8 | 107.8 |
| 湖南 | 110.4 | 109.0 | 112.2 | 114.6 | 112.8 | 111.3 | 110.1 | 109.5 | 108.5 | 107.9 | 108 | 107.8 |
| 广东 | 114.9 | 111.5 | 114.1 | 112.4 | 110.0 | 108.2 | 108.5 | 107.8 | 108.0 | 107.5 | 107.5 | 106.8 |
| 广西 | 111.4 | 107.9 | 113.1 | 114.2 | 112.3 | 111.3 | 110.2 | 108.5 | 108.1 | 107.3 | 107.3 | 106.8 |
| 海南 | 104.3 | 109.0 | 110.5 | 116.0 | 112.0 | 109.1 | 109.9 | 108.5 | 107.8 | 107.5 | 107 | 105.8 |
| 重庆 | 112.1 | 108.5 | 111.7 | 117.1 | 116.4 | 113.6 | 112.3 | 110.9 | 111.0 | 110.7 | 109.3 | 106.0 |
| 四川 | 110.8 | 108.5 | 112.6 | 115.1 | 115.0 | 112.6 | 110.0 | 108.5 | 107.9 | 107.7 | 108.1 | 108.0 |
| 贵州 | 107.5 | 108.4 | 112.7 | 112.8 | 115.0 | 113.6 | 112.5 | 110.8 | 110.7 | 110.5 | 110.2 | 109.1 |
| 云南 | 111.2 | 107.5 | 108.9 | 112.3 | 113.7 | 113.0 | 112.1 | 108.1 | 108.7 | 108.7 | 109.5 | 108.9 |
| 西藏 | 117.9 | 110.4 | 112.1 | 112.3 | 112.7 | 111.8 | 112.1 | 110.8 | 111.0 | 111.5 | 110 | 109.1 |
| 陕西 | 109.0 | 110.4 | 113.7 | 114.6 | 113.9 | 112.9 | 111.0 | 109.7 | 107.9 | 107.6 | 108 | 108.3 |
| 甘肃 | 109.9 | 109.7 | 111.8 | 111.8 | 112.5 | 112.6 | 110.8 | 108.9 | 108.1 | 107.6 | 103.6 | 106.3 |
| 青海 | 108.0 | 108.9 | 112.2 | 115.3 | 113.5 | 112.3 | 110.8 | 109.2 | 108.2 | 108 | 107.3 | 107.2 |
| 宁夏 | 109.0 | 110.2 | 110.9 | 113.5 | 112.1 | 111.5 | 109.8 | 108.0 | 108.0 | 108.1 | 107.8 | 107.0 |
| 新疆 | 109.0 | 108.7 | 110.9 | 110.6 | 112.0 | 112.0 | 111.0 | 110.0 | 108.8 | 107.6 | 107.6 | 106.1 |

数据来源：国家统计局；电力供需实验室数据库。

注　上年为100。

附表3　　　　　　全国及各省（区、市）固定资产投资　　　　　　亿元

| 年份 | 1995 | 2000 | 2005 | 2010 | 2011 | 2012 | 2013 | 2014 | 2015 | 2016 | 2017 |
|---|---|---|---|---|---|---|---|---|---|---|---|
| 全国 | 20 019 | 32 918 | 88 774 | 278 122 | 311 485 | 374 676 | 447 074 | 512 761 | 562 000 | 596 501 | 631 684 |
| 北京 | 842 | 1297 | 2827 | 5403 | 5579 | 6112 | 6847 | 21 331 | 7496 | 7889 | 8307 |
| 天津 | 393 | 609 | 1495 | 6278 | 7068 | 7935 | 9130 | 15 722 | 11 832 | 12 756 | 11 275 |
| 河北 | 939 | 1847 | 4140 | 15 083 | 16 389 | 19 661 | 23 194 | 29 421 | 29 448 | 31 340 | 33 012 |
| 山西 | 296 | 625 | 1827 | 6063 | 7073 | 8863 | 11 032 | 12 759 | 14 074 | 13 859 | 5722 |
| 内蒙古 | 273 | 430 | 2644 | 8927 | 10 365 | 11 858 | 14 216 | 17 770 | 13 702 | 14 894 | 13 828 |
| 辽宁 | 885 | 1268 | 4200 | 16 043 | 17 726 | 21 836 | 25 108 | 28 627 | 17 918 | 6436 | 6445 |
| 吉林 | 342 | 587 | 1741 | 7870 | 7442 | 9711 | 10 134 | 13 804 | 12 705 | 13 773 | 13 131 |
| 黑龙江 | 488 | 859 | 1737 | 6813 | 7475 | 9695 | 12 126 | 15 039 | 10 183 | 10 433 | 11 080 |
| 上海 | 1602 | 1870 | 3510 | 5109 | 4962 | 5118 | 5648 | 23 561 | 6353 | 6752 | 7241 |

续表

| 年份 | 1995 | 2000 | 2005 | 2010 | 2011 | 2012 | 2013 | 2014 | 2015 | 2016 | 2017 |
|------|------|------|------|------|------|------|------|------|------|------|------|
| 江苏 | 1680 | 2995 | 8165 | 23 184 | 26 693 | 30 808 | 36 374 | 65 088 | 46 247 | 49 370 | 53 000 |
| 浙江 | 1358 | 2267 | 6520 | 12 376 | 14 185 | 17 554 | 20 777 | 40 154 | 27 323 | 29 571 | 31 126 |
| 安徽 | 533 | 867 | 2525 | 11 543 | 12 456 | 15 384 | 18 622 | 20 849 | 24 386 | 26 578 | 28 816 |
| 福建 | 681 | 1082 | 2317 | 8199 | 9911 | 12 423 | 15 327 | 24 056 | 21 301 | 22 928 | 26 110 |
| 江西 | 284 | 548 | 2177 | 8772 | 9088 | 11 785 | 12 866 | 15 709 | 17 388 | 19 379 | 21 770 |
| 山东 | 1321 | 2543 | 9307 | 23 281 | 26 750 | 31 256 | 36 789 | 59 427 | 48 312 | 52 364 | 54 236 |
| 河南 | 805 | 1476 | 4312 | 16 586 | 17 769 | 21 762 | 26 221 | 34 939 | 35 660 | 39 754 | 43 890 |
| 湖北 | 827 | 1422 | 2677 | 10 263 | 12 557 | 15 592 | 19 307 | 27 367 | 26 564 | 29 504 | 31 873 |
| 湖南 | 524 | 1066 | 2629 | 9664 | 11 881 | 14 523 | 17 846 | 27 048 | 25 045 | 27 688 | 31 328 |
| 广东 | 2327 | 3234 | 6978 | 15 624 | 17 069 | 18 749 | 22 308 | 67 792 | 30 343 | 32 947 | 37 404 |
| 广西 | 423 | 660 | 1661 | 7058 | 7991 | 9809 | 11 908 | 15 673 | 16 228 | 17 653 | 19 908 |
| 海南 | 198 | 194 | 367 | 1317 | 1657 | 2126 | 2697 | 3501 | 3451 | 3747 | 4125 |
| 重庆 | 271 | 656 | 1933 | 6689 | 7473 | 8732 | 10 430 | 14 265 | 14 353 | 15 932 | 17 441 |
| 四川 | 677 | 1404 | 3585 | 13 117 | 14 222 | 17 037 | 20 325 | 28 537 | 25 526 | 28 230 | 31 236 |
| 贵州 | 174 | 403 | 998 | 3105 | 4236 | 5518 | 7374 | 9251 | 10 946 | 12 929 | 15 288 |
| 云南 | 381 | 698 | 1778 | 5529 | 6191 | 7831 | 9968 | 12 815 | 13 501 | 15 662 | 18 475 |
| 西藏 | 37 | 67 | 181 | 463 | 516 | 671 | 876 | 921 | 1296 | 1596 | 1976 |
| 陕西 | 324 | 746 | 1882 | 7964 | 9431 | 12 045 | 14 867 | 17 690 | 18 582 | 20 475 | 23 468 |
| 甘肃 | 195 | 441 | 870 | 3158 | 3966 | 5146 | 6528 | 6835 | 8754 | 9534 | 5696 |
| 青海 | 56 | 155 | 330 | 1017 | 1436 | 1848 | 2361 | 2301 | 3211 | 3456 | 3820 |
| 宁夏 | 70 | 161 | 443 | 1444 | 1645 | 2097 | 2651 | 2752 | 3505 | 3709 | 3640 |
| 新疆 | 333 | 610 | 1339 | 3423 | 4632 | 6158 | 7725 | 9264 | 10 813 | 9984 | 11 796 |

数据来源：国家统计局；电力供需实验室数据库，2015 年数据中，辽宁、黑龙江、山东、湖北、湖南、云南和新疆的固定资产投资均为不含农户的口径。

### 附表 4　　全国及各省（区、市）社会消费品零售总额　　亿元

| 年份 | 1995 | 2000 | 2005 | 2010 | 2011 | 2012 | 2013 | 2014 | 2015 | 2016 | 2017 | 2018 |
|------|------|------|------|------|------|------|------|------|------|------|------|------|
| 全国 | 23 614 | 39 106 | 67 177 | 156 998 | 183 919 | 210 307 | 237 810 | 271 896 | 300 931 | 332 316 | 366 216 | 380 987 |
| 北京 | 827 | 1443 | 2903 | 6229 | 6900 | 7703 | 8375 | 9638 | 10 338 | 11 005 | 11 575 | 11 748 |
| 天津 | 376 | 737 | 1190 | 2860 | 3395 | 3921 | 4470 | 4739 | 5257 | 5636 | 5730 | 5533 |

续表

| 年份 | 1995 | 2000 | 2005 | 2010 | 2011 | 2012 | 2013 | 2014 | 2015 | 2016 | 2017 | 2018 |
|------|------|------|------|------|------|------|------|------|------|------|------|------|
| 河北 | 852 | 1614 | 2953 | 6822 | 8036 | 9254 | 10 517 | 11 820 | 12 991 | 14 365 | 15 908 | 16 537 |
| 山西 | 376 | 629 | 1401 | 3318 | 3903 | 4507 | 5139 | 5718 | 6034 | 6481 | 6918 | 7339 |
| 内蒙古 | 295 | 484 | 1344 | 3384 | 3992 | 4573 | 5114 | 5658 | 6108 | 6701 | 7160 | 7311 |
| 辽宁 | 1122 | 1848 | 2999 | 6888 | 8095 | 9347 | 10 581 | 11 857 | 12 787 | 13 400 | 13 807 | 14 143 |
| 吉林 | 482 | 811 | 1461 | 3505 | 4120 | 4773 | 5426 | 6081 | 6652 | 7310 | 7856 | 7520 |
| 黑龙江 | 683 | 1094 | 1760 | 4039 | 4750 | 5491 | 6251 | 7015 | 7640 | 8403 | 9099 | — |
| 上海 | 970 | 1722 | 2973 | 6071 | 6815 | 7412 | 8052 | 9303 | 10 132 | 10 947 | 11 830 | 12 669 |
| 江苏 | 1650 | 2604 | 5700 | 13 607 | 15 988 | 18 331 | 20 797 | 23 458 | 25 877 | 28 707 | 31 737 | 33 230 |
| 浙江 | 1326 | 2299 | 4632 | 10 245 | 12 028 | 13 588 | 15 226 | 17 835 | 19 785 | 21 971 | 24 308 | 25 008 |
| 安徽 | 587 | 1054 | 1765 | 4198 | 4955 | 5737 | 6542 | 7957 | 8908 | 10 000 | 11 193 | 12 100 |
| 福建 | 659 | 1373 | 2346 | 5310 | 6276 | 7257 | 8275 | 9347 | 10 506 | 11 675 | 13 013 | 14 317 |
| 江西 | 411 | 705 | 1236 | 2956 | 3485 | 4027 | 4576 | 5293 | 5926 | 6635 | 7448 | 7566 |
| 山东 | 1443 | 2546 | 6126 | 14 620 | 17 156 | 19 652 | 22 295 | 25 112 | 27 761 | 30 646 | 33 649 | — |
| 河南 | 907 | 1787 | 3358 | 8004 | 9454 | 10 916 | 12 427 | 14 005 | 15 740 | 17 618 | 19 667 | 20 595 |
| 湖北 | 932 | 1789 | 2965 | 7014 | 8275 | 9563 | 10 886 | 12 449 | 14 003 | 15 649 | 17 394 | 18 334 |
| 湖南 | 837 | 1365 | 2459 | 5840 | 6885 | 7922 | 9019 | 10 723 | 12 024 | 13 437 | 14 855 | 15 638 |
| 广东 | 2176 | 4072 | 7883 | 17 458 | 20 298 | 22 677 | 25 454 | 28 471 | 31 518 | 34 739 | 38 200 | 39 501 |
| 广西 | 533 | 859 | 1397 | 3312 | 3908 | 4517 | 5133 | 5773 | 6348 | 7027 | 7813 | 8292 |
| 海南 | 109 | 173 | 269 | 639 | 760 | 871 | 993 | 1225 | 1325 | 1454 | 1619 | 1717 |
| 重庆 | 372 | 644 | 1216 | 2939 | 3488 | 4034 | 4600 | 5711 | 6424 | 7271 | 8068 | — |
| 四川 | 936 | 1524 | 2981 | 6810 | 8045 | 9267 | 10 561 | 12 393 | 13 878 | 15 502 | 17 481 | 18 255 |
| 贵州 | 192 | 344 | 607 | 1483 | 1752 | 2028 | 2366 | 2937 | 3283 | 3709 | 4154 | 3971 |
| 云南 | 370 | 583 | 1034 | 2542 | 3000 | 3512 | 4005 | 4633 | 5103 | 5723 | 6423 | 6826 |
| 西藏 | 24 | 43 | 73 | 185 | 219 | 255 | 293 | 365 | 409 | 457 | 521 | 598 |
| 陕西 | 370 | 608 | 1322 | 3196 | 3790 | 4384 | 5000 | 5919 | 6578 | 7303 | 8236 | 8938 |
| 甘肃 | 230 | 363 | 633 | 1395 | 1648 | 1907 | 2174 | 2668 | 2907 | 3184 | 3427 | — |
| 青海 | 58 | 82 | 161 | 351 | 411 | 476 | 544 | 621 | 691 | 767 | 839 | 836 |
| 宁夏 | 56 | 90 | 174 | 404 | 478 | 549 | 611 | 737 | 790 | 850 | 930 | 936 |
| 新疆 | 254 | 375 | 638 | 1375 | 1616 | 1857 | 2108 | 2436 | 2606 | 2826 | 3045 | 3187 |

数据来源：国家统计局；电力供需实验室数据库。

附表 5　　　　　　全国及各省（区、市）出口总额　　　　　亿美元

| 年份 | 1995 | 2000 | 2005 | 2010 | 2011 | 2012 | 2013 | 2014 | 2015 | 2016 | 2017 | 2018 |
|---|---|---|---|---|---|---|---|---|---|---|---|---|
| 全国 | 1487.8 | 2492.0 | 7619.5 | 15 777.5 | 18 983.8 | 20 498.3 | 22 093.7 | 23 427.5 | 22 734.7 | 20 974.4 | 22 635.2 | 24 866.8 |
| 北京 | 22.7 | 46.3 | 308.7 | 554.7 | 590.3 | 596.5 | 631.1 | 623.5 | 546.7 | 255.1 | 264.9 | 283.2 |
| 天津 | 30.0 | 86.3 | 273.8 | 375.2 | 445.0 | 483.1 | 490.1 | 526.0 | 511.6 | 416.7 | 426.5 | 460.6 |
| 河北 | 10.6 | 15.3 | 109.2 | 225.7 | 285.8 | 296.0 | 309.6 | 357.1 | 329.3 | 439.7 | 437.4 | 495.0 |
| 山西 | 11.4 | 12.4 | 35.3 | 47.1 | 54.3 | 70.2 | 80.0 | 89.4 | 84.2 | 125.3 | 138.4 | 165.0 |
| 内蒙古 | 6.1 | 10.2 | 17.7 | 33.3 | 46.9 | 39.7 | 40.9 | 63.9 | 56.5 | 51.9 | 58.2 | 74.8 |
| 辽宁 | 82.6 | 108.5 | 234.4 | 431.2 | 510.4 | 579.5 | 645.4 | 587.6 | 507.1 | 446.2 | 494.5 | 580.5 |
| 吉林 | 11.0 | 12.4 | 24.7 | 44.8 | 50.0 | 59.8 | 67.6 | 57.8 | 46.1 | 48.6 | 52.9 | 55.9 |
| 黑龙江 | 21.0 | 14.5 | 60.7 | 162.8 | 176.7 | 144.4 | 162.3 | 173.4 | 80.4 | 48.9 | 52.9 | 48.1 |
| 上海 | 115.8 | 253.5 | 907.2 | 1807.2 | 2096.9 | 2067.4 | 2041.8 | 2101.6 | 1959.1 | 1665.0 | 1741.7 | 1810.5 |
| 江苏 | 97.8 | 257.7 | 1229.7 | 2705.5 | 3126.2 | 3285.4 | 3288.1 | 3418.7 | 3386.4 | 3311.8 | 3752.2 | 4172.1 |
| 浙江 | 77.0 | 194.4 | 768.0 | 1804.8 | 2163.6 | 2245.7 | 2487.5 | 2733.5 | 2763.3 | 2734.7 | 2925.2 | 3279.7 |
| 安徽 | 13.9 | 21.7 | 51.9 | 124.2 | 170.8 | 267.5 | 282.5 | 314.9 | 322.7 | 259.8 | 299.0 | 364.9 |
| 福建 | 79.1 | 129.1 | 348.4 | 715.0 | 928.4 | 978.4 | 1064.8 | 1134.6 | 1126.8 | 873.0 | 922.6 | 1050.6 |
| 江西 | 10.1 | 12.0 | 24.4 | 134.2 | 218.8 | 251.1 | 281.7 | 320.4 | 331.2 | 241.8 | 248.5 | 269.4 |
| 山东 | 81.6 | 155.3 | 461.2 | 1042.5 | 1257.9 | 1287.3 | 1341.9 | 1447.5 | 1439.3 | 1443.7 | 1573.6 | 1734.7 |
| 河南 | 13.6 | 14.9 | 50.9 | 105.3 | 192.4 | 296.8 | 359.9 | 393.8 | 430.6 | 453.3 | 501.3 | 578.6 |
| 湖北 | 19.8 | 19.3 | 44.3 | 144.4 | 195.3 | 194.0 | 228.4 | 266.5 | 292.1 | 247.6 | 290.6 | 316.7 |
| 湖南 | 14.5 | 16.5 | 37.5 | 79.6 | 99.0 | 126.0 | 148.2 | 200.2 | 191.4 | 142.5 | 176.7 | 210.3 |
| 广东 | 565.9 | 919.2 | 2381.6 | 4532.0 | 5319.4 | 5741.4 | 6363.7 | 6462.2 | 6431.7 | 6542.4 | 6756.3 | 7081.4 |
| 广西 | 22.5 | 14.9 | 28.8 | 96.0 | 124.6 | 154.7 | 186.9 | 243.3 | 279.3 | 126.6 | 144.4 | 177.2 |
| 海南 | 8.3 | 8.0 | 10.2 | 23.2 | 25.4 | 31.4 | 37.1 | 44.2 | 37.4 | 34.7 | 43.0 | 46.4 |
| 重庆 | 8.5 | 10.0 | 25.2 | 74.9 | 198.4 | 385.7 | 468.0 | 634.1 | 551.9 | 336.2 | 378.3 | 459.7 |
| 四川 | 14.2 | 13.9 | 47.0 | 188.5 | 290.5 | 384.6 | 419.5 | 448.5 | 330.9 | 262.0 | 351.8 | 477.7 |
| 贵州 | 4.3 | 4.2 | 8.6 | 19.2 | 29.9 | 49.5 | 68.9 | 94.0 | 99.5 | 39.9 | 55.0 | 57.4 |
| 云南 | 13.3 | 11.8 | 26.4 | 76.1 | 94.7 | 100.2 | 159.4 | 188.0 | 166.2 | 88.7 | 96.7 | 105.3 |
| 西藏 | 0.3 | 1.1 | 1.7 | 7.7 | 11.8 | 33.6 | 32.7 | 21.0 | 5.9 | 4.7 | 3.7 | 4.0 |

续表

| 年份 | 1995 | 2000 | 2005 | 2010 | 2011 | 2012 | 2013 | 2014 | 2015 | 2016 | 2017 | 2018 |
|------|------|------|------|------|------|------|------|------|------|------|------|------|
| 陕西 | 12.8 | 13.1 | 30.8 | 62.1 | 70.1 | 86.5 | 102.3 | 139.3 | 147.9 | 157.9 | 238.1 | 303.6 |
| 甘肃 | 2.2 | 4.1 | 10.9 | 16.4 | 21.6 | 35.7 | 46.8 | 53.3 | 58.1 | 19.5 | 18.2 | 25.9 |
| 青海 | 1.4 | 1.1 | 3.2 | 4.7 | 6.6 | 7.3 | 8.5 | 11.3 | 16.4 | 3.6 | 2.8 | 3.3 |
| 宁夏 | 2.4 | 3.3 | 6.9 | 11.7 | 16.0 | 16.4 | 25.5 | 43.0 | 29.6 | 20.5 | 26.7 | 27.5 |
| 新疆 | 7.7 | 12.0 | 50.4 | 129.7 | 168.3 | 193.5 | 222.7 | 234.8 | 175.0 | 139.1 | 163.3 | 153.8 |

数据来源：国家统计局；电力供需实验室数据库。

**附表 6　　　　　全国及各省（区、市）进口总额　　　　亿美元**

| 年份 | 1995 | 2000 | 2005 | 2010 | 2011 | 2012 | 2013 | 2014 | 2015 | 2016 | 2017 | 2018 |
|------|------|------|------|------|------|------|------|------|------|------|------|------|
| 全国 | 1320.8 | 2250.9 | 6599.5 | 13 962.4 | 17 434.8 | 18 178.3 | 19 503.2 | 19 602.9 | 16 795.6 | 15 874.8 | 18 409.8 | 21 357.4 |
| 北京 | 30.4 | 70.2 | 946.4 | 2462.9 | 3305.6 | 3482.7 | 3660.1 | 3533.1 | 2647.7 | 967.9 | 951.0 | 990.6 |
| 天津 | 35.5 | 85.3 | 259.0 | 446.2 | 588.9 | 673.1 | 795.0 | 813.2 | 631.2 | 652.9 | 790.6 | 956.9 |
| 河北 | 7.8 | 10.2 | 51.5 | 195.0 | 250.3 | 209.4 | 239.4 | 241.7 | 185.8 | 309.2 | 377.2 | 379.1 |
| 山西 | 2.6 | 5.3 | 20.2 | 78.7 | 93.2 | 80.3 | 78.0 | 73.1 | 62.6 | 63.0 | 69.2 | 81.6 |
| 内蒙古 | 5.1 | 10.1 | 31.0 | 54.0 | 72.4 | 72.9 | 79.0 | 81.6 | 70.8 | 80.3 | 100.4 | 123.6 |
| 辽宁 | 27.3 | 81.7 | 175.7 | 376.1 | 449.9 | 460.4 | 499.5 | 552.0 | 452.4 | 512.2 | 628.0 | 758.7 |
| 吉林 | 15.1 | 13.1 | 40.6 | 123.7 | 170.6 | 185.9 | 191.0 | 206.0 | 142.6 | 143.2 | 145.1 | 159.4 |
| 黑龙江 | 13.3 | 15.4 | 35.0 | 92.3 | 208.5 | 233.9 | 226.5 | 215.6 | 129.8 | 90.1 | 114.2 | 189.1 |
| 上海 | 74.5 | 293.6 | 956.2 | 1882.4 | 2278.7 | 2298.0 | 2370.4 | 2562.5 | 2533.3 | 2382.0 | 2731.2 | 3047.8 |
| 江苏 | 65.0 | 198.7 | 1049.6 | 1952.6 | 2269.9 | 2195.6 | 2220.0 | 2218.9 | 2069.2 | 2162.0 | 2615.6 | 3000.3 |
| 浙江 | 38.1 | 83.9 | 305.9 | 730.7 | 930.3 | 876.7 | 870.4 | 817.9 | 704.5 | 699.4 | 915.4 | 1135.7 |
| 安徽 | 6.1 | 11.7 | 39.3 | 118.6 | 142.3 | 125.7 | 173.0 | 177.8 | 155.7 | 149.2 | 207.2 | 230.3 |
| 福建 | 65.4 | 83.2 | 195.7 | 372.9 | 506.8 | 580.9 | 628.5 | 640.4 | 561.7 | 495.7 | 608.3 | 679.3 |
| 江西 | 2.8 | 4.3 | 16.3 | 82.0 | 95.9 | 83.0 | 85.8 | 107.4 | 92.8 | 112.5 | 120.5 | 142.5 |
| 山东 | 57.9 | 94.6 | 306.1 | 849.3 | 1101.7 | 1168.1 | 1323.7 | 1323.7 | 966.8 | 1288.2 | 1573.9 | 1906.2 |
| 河南 | 8.7 | 7.8 | 26.4 | 73.0 | 133.8 | 220.7 | 239.6 | 256.5 | 307.2 | 287.9 | 312.3 | 296.6 |
| 湖北 | 14.2 | 12.8 | 46.3 | 114.9 | 140.5 | 125.6 | 135.4 | 164.2 | 163.4 | 142.2 | 171.4 | 196.2 |
| 湖南 | 5.7 | 8.6 | 22.5 | 67.0 | 90.4 | 93.4 | 103.5 | 110.0 | 101.6 | 89.1 | 123.4 | 144.2 |
| 广东 | 473.8 | 781.9 | 1898.1 | 3317.0 | 3815.4 | 4096.8 | 4552.2 | 4305.1 | 3793.2 | 4059.7 | 4371.9 | 5036.1 |
| 广西 | 9.7 | 5.4 | 23.0 | 81.4 | 109.0 | 140.1 | 141.4 | 162.2 | 231.6 | 314.6 | 381.8 | 430.7 |

续表

| 年份 | 1995 | 2000 | 2005 | 2010 | 2011 | 2012 | 2013 | 2014 | 2015 | 2016 | 2017 | 2018 |
|---|---|---|---|---|---|---|---|---|---|---|---|---|
| 海南 | 14.4 | 4.8 | 15.2 | 63.3 | 102.1 | 111.9 | 112.8 | 114.6 | 102.2 | 86.9 | 93.4 | 134.6 |
| 重庆 | 5.7 | 7.9 | 17.7 | 49.4 | 93.8 | 146.3 | 219.0 | 320.4 | 192.8 | 182.8 | 187.5 | 222.2 |
| 四川 | 6.4 | 11.5 | 32.0 | 138.5 | 187.0 | 206.6 | 226.2 | 254.0 | 181.0 | 218.8 | 314.6 | 452.9 |
| 贵州 | 2.5 | 2.4 | 5.4 | 12.3 | 19.0 | 16.8 | 14.0 | 14.2 | 22.7 | 12.1 | 26.2 | 26.1 |
| 云南 | 7.9 | 6.4 | 21.0 | 58.2 | 65.6 | 109.9 | 98.5 | 108.2 | 78.8 | 85.6 | 117.2 | 166.8 |
| 西藏 | 0.4 | 0.2 | 0.4 | 0.7 | 1.8 | 0.7 | 0.5 | 1.5 | 3.3 | 1.2 | 2.4 | 2.3 |
| 陕西 | 4.5 | 8.3 | 15.0 | 58.9 | 76.1 | 61.5 | 99.0 | 134.8 | 157.1 | 136.5 | 166.3 | 219.0 |
| 甘肃 | 0.9 | 1.5 | 15.4 | 57.7 | 65.7 | 53.3 | 55.6 | 33.2 | 21.4 | 25.8 | 34.3 | 38.9 |
| 青海 | 0.2 | 0.5 | 0.9 | 3.2 | 2.6 | 4.3 | 5.6 | 5.9 | 2.9 | 1.6 | 1.7 | 2.2 |
| 宁夏 | 0.4 | 1.2 | 2.8 | 7.9 | 6.9 | 5.8 | 6.7 | 11.3 | 7.8 | 10.5 | 16.6 | 12.9 |
| 新疆 | 6.6 | 10.6 | 29.0 | 41.6 | 59.9 | 58.2 | 52.9 | 41.9 | 21.7 | 110.8 | 141.3 | 193.3 |

数据来源：国家统计局；电力供需实验室数据库。

附表7　　　　　　　　全国主要行业用电量　　　　　　　亿 kW·h

| 年份 | 全社会用电量 | 第一产业 | 第二产业 | 第三产业 | 城乡居民用电 | 工业 | 重工业 | 轻工业 |
|---|---|---|---|---|---|---|---|---|
| 1990 | 6126 | 308 | 4864 | 492 | 461 | 4819 | 3834 | 985 |
| 1991 | 6697 | 342 | 5261 | 511 | 532 | 5179 | 4135 | 1074 |
| 1992 | 7455 | 374 | 5810 | 637 | 634 | 5747 | 4565 | 1182 |
| 1993 | 8201 | 385 | 6369 | 717 | 729 | 6288 | 5018 | 1270 |
| 1994 | 9046 | 417 | 6919 | 835 | 875 | 6822 | 5452 | 1370 |
| 1995 | 9886 | 456 | 7507 | 919 | 1006 | 7397 | 5910 | 1487 |
| 1996 | 10 570 | 483 | 7946 | 1009 | 1133 | 7830 | 6266 | 1564 |
| 1997 | 11 039 | 514 | 8169 | 1102 | 1253 | 8055 | 6439 | 1616 |
| 1998 | 11 347 | 498 | 8263 | 1198 | 1388 | 8144 | 6537 | 1607 |
| 1999 | 12 092 | 525 | 8806 | 1291 | 1470 | 8685 | 6949 | 1736 |
| 2000 | 13 466 | 534 | 9786 | 1474 | 1672 | 9654 | 7642 | 2011 |
| 2001 | 14 683 | 569 | 10 646 | 1631 | 1835 | 10502 | 8291 | 2211 |
| 2002 | 16 386 | 590 | 11957 | 1837 | 2001 | 11 793 | 9244 | 2549 |
| 2003 | 18 894 | 596 | 13 949 | 2109 | 2230 | 13 759 | 10 816 | 2943 |

续表

| 年份 | 全社会用电量 | 第一产业 | 第二产业 | 第三产业 | 城乡居民用电 | 工业 | 重工业 | 轻工业 |
|------|------|------|------|------|------|------|------|------|
| 2004 | 21 815 | 603 | 16 275 | 2428 | 2453 | 16 053 | 12 702 | 3351 |
| 2005 | 24 848 | 755 | 18 736 | 2527 | 2830 | 18 502 | 14 793 | 3709 |
| 2006 | 28 368 | 832 | 21 474 | 2822 | 3240 | 21 206 | 17 104 | 4101 |
| 2007 | 32 565 | 863 | 24 909 | 3185 | 3608 | 24 596 | 20 130 | 4467 |
| 2008 | 34 380 | 879 | 25 920 | 3498 | 4082 | 25 578 | 21 006 | 4572 |
| 2009 | 36 595 | 940 | 27 136 | 3944 | 4575 | 26 754 | 22 119 | 4636 |
| 2010 | 41 999 | 976 | 31 450 | 4478 | 5094 | 30 967 | 25 699 | 5187 |
| 2011 | 47 026 | 1013 | 35 288 | 5105 | 5620 | 34 717 | 28 885 | 5831 |
| 2012 | 49 657 | 1003 | 36 733 | 5693 | 6228 | 36 122 | 30 008 | 6114 |
| 2013 | 53 423 | 1027 | 39 332 | 6275 | 6789 | 38 471 | 32 092 | 6379 |
| 2014 | 55 233 | 994 | 40 650 | 6660 | 6928 | 39 930 | 33 272 | 6658 |
| 2015 | 56 933 | 1040 | 41 442 | 7166 | 7285 | 40 743 | 34 371 | 6677 |
| 2016 | 59 747 | 1092 | 42 615 | 7970 | 8071 | 41 889 | 34 831 | 7057 |
| 2017 | 63 094 | 663 | 44 074 | 9580 | 8777 | 43 380 | | |
| 2018 | 68 449 | 728 | 47 235 | 10 801 | 9685 | 46 456 | | |

数据来源：历年《电力工业统计资料汇编》，中国电力企业联合会统计信息部；电力供需实验室数据库，2018 年为快报数。

附表 8　　　　全国及各省（区、市）全社会用电量　　　　亿 kW·h

| 年份 | 1995 | 2000 | 2005 | 2010 | 2011 | 2012 | 2013 | 2014 | 2015 | 2016 | 2017 | 2018 |
|------|------|------|------|------|------|------|------|------|------|------|------|------|
| 全国 | 9886 | 13 466 | 24 848 | 41 999 | 47 026 | 49 657 | 53 423 | 55 233 | 56 933 | 59 747 | 63 094 | 68 449 |
| 北京 | 260 | 384 | 571 | 810 | 822 | 874 | 913 | 937 | 953 | 1020 | 1067 | 1142 |
| 天津 | 176 | 234 | 385 | 646 | 695 | 722 | 774 | 794 | 801 | 808 | 806 | 861 |
| 河北 | 565 | 809 | 1502 | 2692 | 2985 | 3078 | 3251 | 3314 | 3176 | 3265 | 3442 | 3666 |
| 山西 | 398 | 502 | 946 | 1460 | 1650 | 1766 | 1832 | 1823 | 1737 | 1797 | 1991 | 2161 |
| 内蒙古 | 180 | 254 | 668 | 1537 | 1864 | 2017 | 2182 | 2417 | 2543 | 2605 | 2903 | 3353 |
| 辽宁 | 625 | 749 | 1111 | 1715 | 1862 | 1900 | 2008 | 2039 | 1985 | 2037 | 2135 | 2302 |

续表

| 年份 | 1995 | 2000 | 2005 | 2010 | 2011 | 2012 | 2013 | 2014 | 2015 | 2016 | 2017 | 2018 |
|---|---|---|---|---|---|---|---|---|---|---|---|---|
| 吉林 | 265 | 291 | 378 | 577 | 630 | 637 | 654 | 668 | 652 | 668 | 703 | 751 |
| 黑龙江 | 382 | 442 | 556 | 748 | 802 | 828 | 845 | 859 | 869 | 897 | 929 | 974 |
| 上海 | 403 | 559 | 922 | 1296 | 1340 | 1353 | 1411 | 1369 | 1406 | 1486 | 1527 | 1567 |
| 江苏 | 699 | 971 | 2193 | 3864 | 4282 | 4581 | 4957 | 5013 | 5115 | 5459 | 5808 | 6128 |
| 浙江 | 434 | 738 | 1642 | 2821 | 3117 | 3211 | 3453 | 3506 | 3554 | 3873 | 4193 | 4533 |
| 安徽 | 289 | 339 | 582 | 1078 | 1221 | 1361 | 1528 | 1585 | 1640 | 1795 | 1921 | 2135 |
| 福建 | 259 | 402 | 757 | 1315 | 1516 | 1579 | 1701 | 1856 | 1852 | 1969 | 2113 | 2314 |
| 江西 | 186 | 208 | 392 | 701 | 835 | 868 | 947 | 1019 | 1087 | 1183 | 1294 | 1429 |
| 山东 | 741 | 1001 | 1912 | 3298 | 3635 | 3795 | 4083 | 4223 | 5117 | 5391 | 5430 | 5917 |
| 河南 | 566 | 719 | 1353 | 2354 | 2659 | 2748 | 2899 | 2920 | 2880 | 2989 | 3166 | 3418 |
| 湖北 | 406 | 503 | 789 | 1330 | 1451 | 1508 | 1630 | 1657 | 1665 | 1763 | 1869 | 2071 |
| 湖南 | 343 | 406 | 674 | 1172 | 1293 | 1347 | 1423 | 1431 | 1448 | 1496 | 1582 | 1745 |
| 广东 | 788 | 1335 | 2674 | 4060 | 4399 | 4619 | 4830 | 5235 | 5311 | 5610 | 5959 | 6323 |
| 广西 | 221 | 314 | 510 | 993 | 1112 | 1154 | 1238 | 1308 | 1334 | 1360 | 1445 | 1703 |
| 海南 | 27 | 38 | 82 | 159 | 185 | 211 | 232 | 250 | 272 | 287 | 305 | 327 |
| 重庆 |  | 164 | 348 | 626 | 717 | 724 | 813 | 867 | 875 | 925 | 997 | 1114 |
| 四川 | 552 | 521 | 943 | 1549 | 1751 | 1831 | 1949 | 2015 | 1992 | 2101 | 2205 | 2459 |
| 贵州 | 191 | 288 | 501 | 835 | 944 | 1047 | 1126 | 1174 | 1174 | 1242 | 1385 | 1482 |
| 云南 | 182 | 274 | 557 | 1004 | 1204 | 1316 | 1460 | 1529 | 1439 | 1411 | 1538 | 1679 |
| 西藏 |  | 3.3 | 10 | 20 | 24 | 28 | 31 | 34 | 41 | 49 | 58 | 69 |
| 陕西 | 237 | 293 | 516 | 859 | 982 | 1067 | 1152 | 1226 | 1222 | 1357 | 1495 | 1594 |
| 甘肃 | 241 | 295 | 489 | 804 | 923 | 995 | 1073 | 1095 | 1099 | 1065 | 1164 | 1290 |
| 青海 | 69 | 109 | 207 | 465 | 561 | 602 | 676 | 723 | 658 | 638 | 687 | 738 |
| 宁夏 | 92 | 136 | 303 | 547 | 725 | 742 | 811 | 849 | 878 | 887 | 978 | 1065 |
| 新疆 | 110 | 183 | 310 | 662 | 839 | 1151 | 1540 | 1498 | 2160 | 2316 | 2001 | 2138 |

数据来源：历年《电力工业统计资料汇编》，中国电力企业联合会统计信息部；电力供需实验室数据库。

附表 9 全国发电电力装机容量 万 kW

| 年份 | 总装机 | 水电 | 火电 | 核电 | 风电 |
|---|---|---|---|---|---|
| 1990 | 13 789 | 3605 | 10 184 | | |
| 1991 | 15 147 | 3788 | 11 359 | | |
| 1992 | 16 653 | 4068 | 12 585 | | |
| 1993 | 18 291 | 4459 | 13 832 | | |
| 1994 | 19 990 | 4906 | 14 874 | | |
| 1995 | 21 722 | 5218 | 16 294 | | |
| 1996 | 23 654 | 5558 | 17 886 | | |
| 1997 | 25 424 | 5973 | 19 241 | | |
| 1998 | 27 729 | 6507 | 20 988 | | |
| 1999 | 29 877 | 7297 | 22 343 | | |
| 2000 | 31 932 | 7935 | 23 754 | 210 | |
| 2001 | 33 849 | 8301 | 25 314 | 210 | |
| 2002 | 35 657 | 8607 | 26 555 | 447 | |
| 2003 | 39 141 | 9490 | 28 977 | 619 | |
| 2004 | 44 239 | 10 524 | 32 948 | 684 | |
| 2005 | 51 718 | 11 739 | 39 138 | 685 | 106 |
| 2006 | 62 370 | 13 029 | 48 382 | 685 | 207 |
| 2007 | 71 822 | 14 823 | 55 607 | 885 | 420 |
| 2008 | 79 273 | 17 260 | 60 286 | 885 | 839 |
| 2009 | 87 410 | 19 629 | 65 108 | 908 | 1760 |
| 2010 | 96 641 | 21 606 | 70 967 | 1082 | 2958 |
| 2011 | 106 253 | 23 298 | 76 834 | 1257 | 4623 |
| 2012 | 114 491 | 24 890 | 81 917 | 1257 | 6083 |
| 2013 | 124 738 | 28 002 | 86 238 | 1461 | 7548 |
| 2014 | 135 795 | 30 183 | 91 569 | 1988 | 9581 |
| 2015 | 152 527 | 31 954 | 100 554 | 2717 | 13 075 |
| 2016 | 165 051 | 33 207 | 106 094 | 3364 | 14 747 |
| 2017 | 178 418 | 34 377 | 111 009 | 3582 | 16 400 |
| 2018 | 189 967 | 35 226 | 114 367 | 4466 | 18 426 |

数据来源：历年《电力工业统计资料汇编》，中国电力企业联合会统计信息部；电力供需实验室数据库。

附表 10　　　　　　全国及各省（区、市）发电装机容量　　　　　万 kW

| 年份 | 1995 | 2000 | 2005 | 2010 | 2011 | 2012 | 2013 | 2014 | 2015 | 2016 | 2017 | 2018 |
|---|---|---|---|---|---|---|---|---|---|---|---|---|
| 全国 | 21 722 | 31 932 | 51 718 | 96 641 | 106 253 | 114 491 | 124 738 | 135 795 | 152 527 | 165 051 | 177 703 | 189 967 |
| 北京 | 300 | 445 | 491 | 631 | 630 | 732 | 792 | 1090 | 1086 | 1103 | 1219 | 1276 |
| 天津 | 339 | 504 | 618 | 1094 | 1097 | 1134 | 1137 | 1320 | 1324 | 1467 | 1499 | 1709 |
| 河北 | 1104 | 1583 | 2317 | 4215 | 4431 | 4868 | 5156 | 5542 | 5778 | 6275 | 6807 | 7427 |
| 山西 | 916 | 1275 | 2307 | 4429 | 4987 | 5454 | 5767 | 6265 | 6966 | 7640 | 8073 | 8758 |
| 内蒙古 | 589 | 896 | 1995 | 6460 | 7344 | 7770 | 8342 | 9214 | 10397 | 11045 | 11826 | 12284 |
| 辽宁 | 1088 | 1523 | 1754 | 3228 | 3401 | 3844 | 3966 | 4190 | 4322 | 4601 | 4869 | 5192 |
| 吉林 | 700 | 846 | 1017 | 2035 | 2306 | 2397 | 2513 | 2560 | 2611 | 2716 | 2864 | 3055 |
| 黑龙江 | 786 | 1088 | 1247 | 1965 | 2088 | 2168 | 2391 | 2476 | 2647 | 2783 | 2969 | 3129 |
| 上海 | 806 | 1060 | 1337 | 1858 | 1950 | 2142 | 2162 | 2193 | 2344 | 2371 | 2400 | 2525 |
| 江苏 | 1500 | 1925 | 4271 | 6470 | 6888 | 7638 | 8229 | 8584 | 9541 | 10160 | 11469 | 12657 |
| 浙江 | 1013 | 1808 | 3774 | 5721 | 6060 | 6170 | 6484 | 7280 | 8158 | 8331 | 8899 | 9565 |
| 安徽 | 593 | 872 | 1225 | 2933 | 3175 | 3532 | 3933 | 4326 | 5161 | 5733 | 6468 | 7089 |
| 福建 | 647 | 1044 | 1762 | 3473 | 3649 | 3874 | 4201 | 4444 | 4919 | 5210 | 5597 | 5770 |
| 江西 | 451 | 632 | 893 | 1706 | 1801 | 1933 | 2000 | 2078 | 2389 | 2866 | 3167 | 3554 |
| 山东 | 1281 | 2001 | 3743 | 6248 | 6844 | 7315 | 7718 | 7975 | 9716 | 10942 | 12556 | 13107 |
| 河南 | 1007 | 1532 | 2881 | 5057 | 5224 | 5765 | 6052 | 6196 | 6744 | 7218 | 7993 | 8680 |
| 湖北 | 1000 | 1511 | 2742 | 4906 | 5262 | 5787 | 5896 | 6213 | 6411 | 6745 | 7124 | 7401 |
| 湖南 | 776 | 1034 | 1506 | 2912 | 3093 | 3297 | 3364 | 3567 | 3889 | 4121 | 4277 | 4522 |
| 广东 | 2272 | 3190 | 4808 | 7113 | 7631 | 7796 | 8353 | 9035 | 9817 | 10457 | 10903 | 11812 |
| 广西 | 558 | 742 | 1102 | 2533 | 2690 | 3007 | 3186 | 3206 | 3458 | 4152 | 4337 | 4515 |
| 海南 | 152 | 179 | 211 | 392 | 425 | 502 | 510 | 514 | 635 | 745 | 773 | 919 |
| 重庆 | | 432 | 568 | 1167 | 1298 | 1336 | 1450 | 1763 | 2109 | 2178 | 2319 | 2403 |
| 四川 | 1215 | 1710 | 2246 | 4327 | 4765 | 5427 | 6862 | 7876 | 8673 | 9108 | 9721 | 9833 |
| 贵州 | 427 | 606 | 1687 | 3409 | 3736 | 4010 | 4476 | 4707 | 5066 | 5510 | 5803 | 6039 |
| 云南 | 530 | 741 | 1275 | 3605 | 4059 | 4835 | 6015 | 6796 | 7915 | 8645 | 8905 | 9381 |
| 西藏 | 18 | 36 | 48 | 78 | 97 | 102 | 110 | 142 | 196 | 233 | 281 | 304 |
| 陕西 | 499 | 738 | 1166 | 2358 | 2460 | 2494 | 2590 | 2866 | 3389 | 3740 | 4357 | 5443 |

续表

| 年份 | 1995 | 2000 | 2005 | 2010 | 2011 | 2012 | 2013 | 2014 | 2015 | 2016 | 2017 | 2018 |
|------|------|------|------|------|------|------|------|------|------|------|------|------|
| 甘肃 | 455 | 655 | 986 | 2075 | 2727 | 2916 | 3489 | 4191 | 4643 | 4825 | 4995 | 5113 |
| 青海 | 187 | 395 | 571 | 1262 | 1443 | 1470 | 1710 | 1853 | 2074 | 2345 | 2543 | 2800 |
| 宁夏 | 169 | 231 | 518 | 1374 | 1844 | 2000 | 2231 | 2424 | 3157 | 3675 | 4188 | 4715 |
| 新疆 | 301 | 446 | 654 | 1607 | 2172 | 2778 | 3652 | 4909 | 6992 | 8109 | 8503 | 8991 |

数据来源：历年《电力工业统计资料汇编》，中国电力企业联合会统计信息部；电力供需实验室数据库。

附表 11　　　　　　　　　全国发电设备利用小时数　　　　　　　h

| 年份 | 平均 | 水电 | 火电 | 核电 |
|------|------|------|------|------|
| 1990 | 5036 | 3800 | 5413 | |
| 1991 | 5030 | 3675 | 5451 | |
| 1992 | 5029 | 3567 | 5462 | |
| 1993 | 5068 | 3730 | 5455 | |
| 1994 | 5233 | 3877 | 5574 | |
| 1995 | 5121 | 3857 | 5454 | |
| 1996 | 5033 | 3570 | 5418 | |
| 1997 | 4765 | 3387 | 5114 | |
| 1998 | 4501 | 3319 | 4811 | |
| 1999 | 4393 | 3198 | 4719 | |
| 2000 | 4517 | 3258 | 4848 | |
| 2001 | 4588 | 3129 | 4900 | |
| 2002 | 4860 | 3289 | 5272 | |
| 2003 | 5245 | 3239 | 5767 | |
| 2004 | 5455 | 3462 | 5991 | 7605 |
| 2005 | 5425 | 3664 | 5865 | 7755 |
| 2006 | 5221 | 3434 | 5633 | 7774 |
| 2007 | 5011 | 3532 | 5316 | 7737 |
| 2008 | 4648 | 3589 | 4885 | 7679 |
| 2009 | 4546 | 3328 | 4865 | 7716 |
| 2010 | 4650 | 3404 | 5031 | 7840 |

续表

| 年份 | 平均 | 水电 | 火电 | 核电 |
|------|------|------|------|------|
| 2011 | 4730 | 3019 | 5305 | 7759 |
| 2012 | 4572 | 3555 | 4965 | 7838 |
| 2013 | 4511 | 3318 | 5012 | 7893 |
| 2014 | 4286 | 3653 | 4706 | 7489 |
| 2015 | 3988 | 3590 | 4364 | 7403 |
| 2016 | 3785 | 3621 | 4165 | 7042 |
| 2017 | 3790 | 3597 | 4219 | 7089 |
| 2018 | 3862 | 3613 | 4361 | 7184 |

数据来源：历年《电力工业统计资料汇编》，中国电力企业联合会统计信息部；电力供需实验室数据库。

**附表 12　　全国及各省（区、市）发电设备利用小时数**　　h

| 年份 | 1995 | 2000 | 2005 | 2010 | 2011 | 2012 | 2013 | 2014 | 2015 | 2016 | 2017 | 2018 |
|------|------|------|------|------|------|------|------|------|------|------|------|------|
| 全国 | 5121 | 4517 | 5425 | 4650 | 4730 | 4572 | 4511 | 4286 | 3988 | 3785 | 3790 | 3862 |
| 北京 | 4522 | 4121 | 4460 | 4261 | 4160 | 3965 | 4260 | 4069 | 3806 | 3983 | 3482 | 3655 |
| 天津 | 3884 | 4266 | 6040 | 5237 | 5525 | 5265 | 5228 | 5200 | 4453 | 4141 | 3996 | 4218 |
| 河北 | 5803 | 5625 | 6244 | 5091 | 5150 | 5014 | 4828 | 4504 | 4116 | 4157 | 4135 | 4047 |
| 山西 | 5677 | 5122 | 6292 | 5060 | 5070 | 4790 | 4866 | 4532 | 3744 | 3485 | 3584 | 3758 |
| 内蒙古 | 5557 | 4901 | 5843 | 4157 | 4448 | 4387 | 4419 | 4367 | 4064 | 3656 | 3772 | 4091 |
| 辽宁 | 5058 | 4517 | 5319 | 4639 | 4411 | 4117 | 4006 | 3939 | 3822 | 3857 | 3807 | 3859 |
| 吉林 | 4283 | 3607 | 4543 | 3776 | 3376 | 3109 | 3094 | 2998 | 2742 | 2756 | 2841 | 3004 |
| 黑龙江 | 5172 | 4004 | 5011 | 4086 | 4059 | 3963 | 3743 | 3659 | 3519 | 3411 | 3384 | 3413 |
| 上海 | 5304 | 5402 | 5978 | 4735 | 4927 | 4486 | 4502 | 3705 | 3671 | 3564 | 3681 | 3527 |
| 江苏 | 5988 | 5169 | 6109 | 5573 | 5650 | 5583 | 5545 | 5098 | 4908 | 4806 | 4563 | 4213 |
| 浙江 | 5042 | 4542 | 5541 | 4894 | 5205 | 5004 | 4996 | 4329 | 4019 | 4010 | 4050 | 4055 |
| 安徽 | 5635 | 4328 | 5916 | 5085 | 5478 | 5299 | 5270 | 4690 | 4274 | 4161 | 4099 | 4327 |
| 福建 | 4967 | 3998 | 4932 | 4224 | 4587 | 4713 | 4500 | 4490 | 3996 | 3917 | 4183 | 4496 |
| 江西 | 4486 | 3510 | 4644 | 4129 | 4408 | 4319 | 4481 | 4486 | 4564 | 4165 | 4068 | 4126 |
| 山东 | 6280 | 5412 | 5475 | 5041 | 4782 | 4749 | 4815 | 4822 | 4974 | 4788 | 4240 | 4256 |
| 河南 | 6168 | 4689 | 5394 | 4856 | 5146 | 4724 | 4802 | 4353 | 3913 | 3674 | 3571 | 3589 |

续表

| 年份 | 1995 | 2000 | 2005 | 2010 | 2011 | 2012 | 2013 | 2014 | 2015 | 2016 | 2017 | 2018 |
|---|---|---|---|---|---|---|---|---|---|---|---|---|
| 湖北 | 4634 | 3815 | 5038 | 4289 | 4140 | 4120 | 3835 | 3969 | 3750 | 3819 | 3876 | 4034 |
| 湖南 | 4953 | 3910 | 4620 | 4036 | 4127 | 3814 | 3908 | 3641 | 3375 | 3325 | 3313 | 3400 |
| 广东 | 3989 | 4394 | 5421 | 4869 | 5378 | 4908 | 4650 | 4240 | 3978 | 3836 | 4137 | 3978 |
| 广西 | 4416 | 4381 | 4604 | 4064 | 4145 | 4063 | 3823 | 3940 | 3740 | 3494 | 3231 | 3734 |
| 海南 | 2450 | 2322 | 4079 | 4253 | 4540 | 4315 | 4676 | 4954 | 4768 | 4102 | 4126 | 3946 |
| 重庆 | | 4371 | 5027 | 4222 | 4862 | 4160 | 4296 | 3980 | 3602 | 3379 | 3191 | 3397 |
| 四川 | 4892 | 3278 | 4914 | 4337 | 4257 | 4234 | 4288 | 4308 | 3946 | 3786 | 3787 | 3874 |
| 贵州 | 5530 | 5171 | 5251 | 4032 | 3698 | 4189 | 4029 | 3962 | 3933 | 3602 | 3511 | 3481 |
| 云南 | 4437 | 4348 | 5239 | 4116 | 3992 | 3870 | 3710 | 3906 | 3618 | 3357 | 3394 | 3617 |
| 西藏 | 2296 | 2182 | 3056 | 3917 | 3015 | 2731 | 2204 | 1926 | 2268 | 2378 | 2180 | 2276 |
| 陕西 | 5402 | 4116 | 5280 | 4583 | 4932 | 4978 | 4990 | 4972 | 4441 | 4105 | 4156 | 3829 |
| 甘肃 | 5431 | 4554 | 4364 | 4410 | 4307 | 3891 | 3804 | 3356 | 2776 | 2554 | 2727 | 3212 |
| 青海 | 3489 | 3608 | 7090 | 4501 | 3790 | 4151 | 3782 | 3375 | 3052 | 2458 | 2578 | 2971 |
| 宁夏 | 6501 | 5786 | 5155 | 5919 | 6065 | 5288 | 5403 | 5094 | 4294 | 3575 | 3643 | 3649 |
| 新疆 | 4553 | 4745 | 4769 | 4910 | 4870 | 4764 | 4959 | 4188 | 3753 | 3112 | 3605 | 3639 |

数据来源：历年《电力工业统计资料汇编》，中国电力企业联合会统计信息部；电力供需实验室数据库。

# 参 考 文 献

［1］ 国家统计局. 中国统计年鉴：2000－2018. 北京：中国统计出版社，2000－2018.

［2］ 国家统计局. 中国能源年鉴：2005－2018. 北京：中国统计出版社，2005－2018.

［3］ 中国电力企业联合会. 电力工业统计资料汇编：2005－2018.

［4］ 国家电网公司. 统计资料汇编：2005－2018.

［5］ 联合国. 2019 年世界经济形势与展望［EB/OL］. http：//www. un. org/.

［6］ 世界银行. 全球经济展望 2019［EB/OL］. http：//web. worldbank. org.

［7］ 国际国币基金组织. 世界经济展望［EB/OL］. http：//www. imf. org.

［8］ International Monetary Fund. 2018. World Economic Outlook：Growth Slowdown，Precarious Recovery. Washington，DC，April.

［9］ World Trade Report 2018. World Trade Organization.

［10］ Ianchovichina E，Walmsley T L. Dynamic Modeling and Applications for Global Economic Analysis. Cambridge Books，2012.

［11］ 国网能源研究院有限公司. 能源与电力分析年度报告系列 2018 中国节能节电分析报告. 北京：中国电力出版社. 2018.

［12］ 于海. 2019 年化肥市场走势逊于 2018 年. 农资导报，2019 年 2 月 12 日.

［13］ 中国工业和信息化部. 2018 年有色金属行业运行情况及 2019 年展望［EB/OL］. http：//www. miit. gov. cn/.

［14］ 国家统计局. 2018 年国民经济和社会发展统计公报［EB/OL］. http：//www. stats. gov. cn/.

［15］ 1－2 月份建材工业运行稳中有升. 世界金属导报，2019 - 05 - 07（A12）.

［16］ 宋志平. 关于中国企业"走出去"的三个问题. 中国工业报，2019 - 04 - 29（002）.

［17］ 工业和信息化部. 2019 年一季度建材行业运行迎来开门红［EB/OL］. http：//www. miit. gov. cn/.

［18］ 中国水泥网. 2018 年水泥行业运行分析与 2019 年展望［EB/OL］. https：//www.

ccement. com/.

［19］国家能源局. 2018 年可再生能源并网运行情况介绍 ［EB/OL］. http：//www. nea. gov. cn/2019 - 01/28/c_137780519. htm.